話す・聞く・考える

論理力の基本

トレーニングブック

小野田博一

日本実業出版社

　論理的に考えるために必要な知性は、ハイレベルのものでなければならない、などということはなく、10歳くらいの子の知性で十分です。これが意味するのは、論理的に考えることができない人は、10歳くらいの子の知性に達していない、ということです。

　そういうわけで、本書が扱っている内容は、ハイレベルなものではなく、いわば、幼稚なものです（もっとも、10歳くらいなら、頭のいい子の論理思考能力は、平均的な大人の論理思考能力をはるかに超えるので、「幼稚」という語をここで使うのが適切かどうかはわかりませんが）。

　論理的な発言や記述ができるメリット——これは、若干思いつきにくいですね。一方、それらができないデメリットは容易に挙げることができます。論理的な発言や記述ができないと、知性が低い人に見える——これが1番のデメリットでしょう。10歳以下の知性に見える、ということです。

　それゆえ、当然ながら、逆に論理的な発言や記述ができるメリットは、知的に見える、という点です。もう少し具体的には、とくに、理屈を相手に伝えようとしているときに、それが相手に伝わる、という点ですね。これはとくに、国際コミュニケーションの場で非常に重要です。もっと身近な話で言えば、英語

を使う際に重要です。英語でのディスカッションは、完全に理詰めでなければならない（理屈以外のことを述べてはならない）からです。

　日本人の発言や記述は、論理性が（少なくとも外見的に）損なわれていることがよくあります。それは主に、日本の独特な発言習慣や記述習慣からきています。
　例を１つ挙げましょう。

　宅配便で荷物を送ろうとしている人Ａと、コンビニの店員Ｂの対話です。
Ｂ「明日の配達になります。配達時間の指定はどういたしますか？」
Ａ「午前中は可能ですか？」
Ｂ「では午前中にいたします」

　これは、日本では非常によくあるパターンの対話ですね。
　この対話が論理的には変だということが、あなたはわかりますか？
　読者の多くは、どこが変なのか、わからないでしょう。
　（もしもあなたが、すでに気づいていたり、いま考えてみて、変であることがわかったのなら、あなたは十分論理的です。あなたに本書は不要でしょう。）

　Ｂの発言が変なのです。

Aは可能かどうかを聞いているのであって、「可能なら午前中にしてください」と言ったのではないのです。

　BはAの発言を「可能なら午前中にしてください」に勝手に置き換えて、それに対して返事をしているのです。

　論理的な発言をしたいのなら、Bは、「はい（可能です）」とだけ答えて、Aの意思決定（発言「ではそのようにしてください」など）を待つか、「はい（可能です）、そのようにいたしますか？」と述べるのが正しいのです。

　例をもう1つ挙げましょう。

（会議終了後。とくに意見もなくその会議ではなにも発言しなかった2人がエレベーターホールで）
社員A「プランDはまずいんじゃないかな」
社員B「うまくいかなかったら社長がなんとかするだろ？」

　こういった他愛ない日常会話はよくあります。フォーマルな場で理詰めのディスカッションをしているわけではないので、日本では、日常的にはこれで『全然ＯＫ』ですね。

　それとは話は別ですが、この例は、「論理」という点を考えるためにはいい題材なので、これを論理の面から見てみましょう。

　この対話は論理的にはどうでしょう？　——はい、ムチャクチャです。それがわかりますか？

（なお、この問題についての解説は本書中で行ないます。）

…☆…☆…☆…

　多くの人は、論理とはなにかを知りません。漠然とわかっている気持ちになっているだけです。それで、発言をする際、その発言の論理が正しいかどうかを考えもしませんし、正しいか否かを判定しようとは思いません——いえ、それ以前に、「発言の論理が正しいか否かは判定可能である」ということを知りません。

「論理的」に関しても同様で、多くの人は、論理的であるとはどのようなことなのかを知りません。漠然とわかっている気持ちになっているだけです。

　それで、発言中に「論理が正しくない部分」や「論理的でない部分」が、ちらほらと、あるいはふんだんに紛れ込みます。

　論理的な発言をするためには——発言中に「論理が正しくない部分」や「論理的でない部分」が紛れ込まないようにするためには——「論理」や「論理的」に関する十分な理解が必須です。それを省略して、表面的なコツやテクニックで済まそうとしてもダメです。コツやテクニックはなく、理解がすべてだからです（ただし、発言したり文章を書いたりする際に注意すべき点はあるので、その注意点をコツやテクニックとよぶことはできます）。

　そういうわけで、まず、論理とはなにか、を知りましょう。

2021年6月　　小野田博一

本書の問題について

　本書には、問題がいろいろ置いてありますが、これは、正解するか否かで一喜一憂するためのものではありませんし、あなたの知識や資質をテストするためのものでもありません。

　あなたが、知っているべきことを知り、身につけるべき習慣を身につけるためのものです（それで、ときには、繰り返し的な確認問題も出てきます）。問題に正解でも不正解でも、どうでもいいことなのです。身につけるべき習慣等を身につけることに全意識を向けてください。

　ちなみに、本書では「世界標準」という表現を使っているので、これについて述べておきます。現在、英語が世界の共通語といえる言語になっています。それで、英語の発言習慣や文章の書き方も、基本的には「世界標準」となっています。もちろん、英語の発言習慣のすべてが世界標準なのではなく、文章の書き方に関しても同じですが、英語に独特な点は別として、基本的な点ではそうで、とくに、議論のあり方に関しては完全に「世界標準」です。

◆本書にある、文章に関する問題例

　本書を読み終えたら、これらの問題には容易に答えられるようになっているでしょう。「これらの問題には容易に答えられるレベルの論理性」を"身につける"のが、本書が目指しているものです。

（なお、答えや解説をいまここで示しても、すんなり理解はできないでしょうから、いまは書きません。まず、その前に理解するべき事柄から扱っていきます。）

．．

　人は△△するべきである、と主張し、その理由を詳しく書いた作文の最後に、まとめというかシメのつもりで「私は△△ができる大人になりたい」のようなことを書く人は多いですね。とくに、読書感想文によくあるパターンの書き方です。
　この書き方の是非は？
．．

　次の文章は、小論文の短縮版です。こんな感じの論じ方のものはよくありますね。
　これにはいろいろな欠陥があります。主なものを挙げてみましょう。
　（「扱っている内容［の是非など］について考えよう」という問題ではありません。「述べ方」だけに注意を向けてください。）

　世界の人口増加が進んでいるので、食糧不足を補うための具体的な方法を見つけ出す必要がある。そのためにも農産物の工場生産技術を発展させる必要がある。
　これからも次々と新しい技術が開発されるだろうが、その中には人類に危険をもたらすものがあるかもしれない。しかし農産物の工場生産技術の発展を重視すべきだと私は考える。
．．．．．．．．．．．．．．．．．．．．．．．．．．．．．．．．．．．

学術論文で以下のように書かれていたとします。

　はたして▼▼は△△であろうか。本論文では以下、これについて考察していく。

　この書き方の根本的な欠陥はなんでしょう？
....
（長い文章の冒頭部分）
　昔の子どもは筆で紙に文字を書いていたが、いまの子どもは画面に指で触れて文字を入力している。そのため、筆で上手に文字を書くことができない。

　これは論理性の点でひどい文章です。この文章の欠陥を挙げてみましょう。
....
　次の文章は、長い文章の一部分であるとします。
　この文章の大きな欠陥は？

　ショパンの使う不協和音は非常に美しい。しかし、昔は（19世紀前半には）、ショパンの曲を受けつけられず、不協和音の嵐のように感じた人もいた。しかし、現代の人は不協和音を聞きなれているので、ショパンの曲に不協和音がつねに使われていることに、ほとんどの人は気づいていない。
....

カバーデザイン／志岐デザイン事務所（萩原 睦）
カバー・本文イラスト／角 一葉
本文DTP／一企画

Section 1

「議論」とはなにかを知ろう

論（論証、議論）とはなにか

世には "ひどい" 反論があふれています。反論とは、もとの「論」と対立する「論」のことで、反論だけがひどいのではなく、もとの「論」がそもそもひどいのです。論理の点でも、それ以外の点でもひどいのですが、もっと根本的には、議論のあり方や反論のあり方に反している（議論や反論になっていない）のです。

ここではまず、「論」とはなにか——どういうものでなければならないか——をごく簡単に説明し、それから、反論はどういうものでなければならないかに続きます。これらの事柄がわかっていないと、「論理」や「論理的」の意味が理解できないからです。

では、「論（論証）とはなにか」の説明を始めます。

これまでに「論」と書いたものは、argumentのことで、これは論証とも議論ともいえます。ただし、論証と書くと、長めの証明文を意味しているようにも見え、議論と書くと言い争いの意味に誤解されかねません。それで本書では、しばらくの間は、argumentのことを（冒頭に書いているように）単に論と

書くことにします（たまに文脈に応じて、「論証」としたり、「議論」としたりしますが、ある程度ページが進んだら、「論証」と書き続けても誤解されることはないでしょうから、そのようにしましょう）。

　論（論証）とは、次の形式の文（発言や記述）です。

- Aである。なぜなら、Bであるから。
- Bである。したがって、Aである。

　ここで、Aの部分は「主張」で、Bの部分は「主張を支えるもの」です。

　長い文章の場合は、Aの部分は「結論」や「結論としての主張」で、Bの部分は「結論を支える理由や根拠」です。

　これらは、次のように書き換えることもできます（上記のものを文章形式、下記のものを表形式とよぶことにしましょう。ちなみに、日本では、表を四角枠で囲むことはよくありますが、英語圏では、論文や雑誌の記事などで表を四角枠で囲むことはほとんどありません）。

前提：Bである。
―――――――――
結論：Aである。

これが論（論証）です。この形式になっていなければ、論（論証）ではありません。つまり、結論がない文章や、主張を支えるものがない文章は、論（論証）ではありません。

　なお、主張は平叙文*でなければなりません。疑問文（修辞疑問**を含む）は主張ではありません。

*平叙文：疑問文、命令文、感嘆文以外の文のこと。（例）「△△である」「△△ではない」など。
＊＊修辞疑問：外見は疑問文であるが、真意は主張である文のこと。（例）「△△ではないだろうか」

　真意はそのまま（真意である主張のままの形）で述べなければなりません。疑問文に加工してはいけません。数学の論証中で修辞疑問が使われないことからわかるように、これは論証の基本です。

日曜の次は月曜ではないだろうか？

　また、論（argument）を述べることを「論ずる・論じる」（argue）といいます。つまり、主張だけの発言・記述は、なにも論じてはいないことになりますし、主張を暗示にとどめたり疑問文の形に書き換えたものも、なにも論じてはいないことになります。

　では、ここで確認問題を少し置きましょう。問題を通して、以上の内容を理解していきましょう。

Q1

　次の２つの文章のうち、一方は論証で、他方はなにも論じてはいません。さて、どちらがどちら？

(a)　湖は池よりも広い。したがって、海には魚がいる。

(b)　私たちは食事を規則正しくとるべきである。

A1

　(a)は論証で、(b)はなにも論じていません。

　(b)は主張のみの文章であって、主張を支えるものがありません。それゆえ、論証になっていません。

　なお、(a)の内容には問題があります（「湖は池よりも広い」から結論の「海には魚がいる」が導けない。つまり論理が正しくない）。しかし、その問題点は、それが論証か否かとは関係がありません。

　ところで、(b)の「私たちは食事を規則正しくとるべきである。」を「なにかを論じている文章」にするためには、なにを追加する必要があるでしょう？

　それは、私たちが食事を規則正しくとるべきである理由です。当然ですね。

Q2

　次の２つの文章のうち、一方は論証で、他方はなにも論じてはいません。さて、どちらがどちら？

⒜　北の空がすっかり晴れている。だから、明日は雨だろう。

⒝　Ｙ県の公立高校ではどこも制服着用が生徒に義務付けられている。このような押し付けがあってよいものだろうか。

A2

　⒜は論証で、⒝はなにも論じていません。

　⒝には疑問「～があってよいものだろうか」と、それが生じた原因の事実が述べられているだけです。主張がなく、それを支えるものもありません。

　なお、⒜の内容には前問の⒜と同様の問題点がありますが、その問題点は、それが論証か否かとは関係がありません。

　ところで、⒝の「Ｙ県の公立高校ではどこも制服着用が生徒に義務付けられている。このような押し付けがあってよいものだろうか」を、「なにかを論じている文章」にするためには、どのように変更すればよいでしょう？

　まず、疑問文を平叙文にする（たとえば、「Ｙ県の公立高校では、生徒に対する制服着用の義務付けを廃止するべきである」のように）。そして、そのように主張する理由（制服着用の義

務付けを廃止するべき理由）を述べる。——そのように変更すれば、論証になります。

Q3

> 下は、よくあるタイプの読書感想文（短縮版）です。
>
> Ｔは△△したが、▽▽すべきではないだろうか。私たちは▲▲のことをよく考え、慎重に行動したいものである。
>
> これがなにも論じていないことは、わかりますね？
> さて、どのように書き換えるべきでしょう？

A3

- 「すべきではないだろうか」をやめて「すべきである」にする。
- すべきである理由を述べる。
- 願望を述べている部分は削除する。

　論証には、「主張」と「主張を支えるもの」以外のことを書いてはいけません。それら以外のことは、論理の点で余分なものです。「したいものである」は願望を述べているにすぎなく、論証の内容とは関係がありません。

　日本人の多くには、読書感想文や作文の最後に、「だれも反対しそうにない一言（一文）を加える」という意味不明の癖があるので、要注意（これは世界的に見て非常に特殊で奇怪）。その文を加えるのは余分です。

Q4

「あなたはいま、ソックスをはいていますか?」

　これに対する答えを次の中から選ぶなら、どれが適切?

(a)　(はい、) はいています。

(b)　はいていると思います。

(c)　私ははいているのではないでしょうか。

A4

　答えは、(a) (はい、) はいています。

　(b)は不適切です。はいているか否かが問題であって、思うか思わないかは問題ではありません。

「真実がなにか」が問題であるとき「発言者がどのように判断するか」を述べるのはポイント外れです。答えるべきなのは「真実はなにか」です。

　(それゆえ、もしも(b)のように「思う」を使いたいなら、まず真実に関して述べ、それから、思っている内容を続けるべきです。つまり、「わかりません。たぶん、はいていると思います」などのように。)

　(c)は不適切です。疑問文は主張にはなりません。

ポイント!

★理由を述べないなら、論じたことにならない。

Section 2

「反論」とはなにかを知ろう

「反論」がみたすべき
2つの要素

　反論は、形式的には次の2点をみたしていなければなりません。これらをみたしていれば反論で、みたしていなければ反論ではありません。

（1）反論は論証でなければならない。

　主張と、それを支えるものから成っていなければなりません。

（2）反論は、その対象となる論証の主張（結論）部分を否定するものでなければならない。

　要するに、反論は、「その対象となる論証の主張」（Aである）の否定（Aではない）を主張としている論証です。つまり、
「Aである。なぜならBだから」に対する反論とは、
「Aではない。なぜならCだから」の形の論証です。

　たとえば、「現存する魚で最大のものは、シロナガスクジラである。なぜなら～」に対する反論（の1例）は「それはシロナガスクジラではないよ。最大の魚はジンベイザメだから」です。

　主張部分をもっと単純にして「それは正しくないよ。最大の魚はジンベイザメだよ」でも反論です。

　が、「それは正しくないよ」だけとか、「最大の魚はジンベイ

ザメだよ」だけでは反論ではありません（論証になっていませんから）。

　もちろん、「シロナガスクジラは魚じゃないよ」でも反論ではありません。「それは間違っているよ。シロナガスクジラは魚じゃないよ」なら反論です。

　では、「反論」に関する確認問題です。

Q1

　　次の対話で、QはPの反論になっていますか？
P「これはユニコーンである。なぜなら〜だから」
Q「それはオカピだよ」

「ユニコーンではない」の部分が欠けているので、反論になっていません。「オカピはユニコーンではない」の意が暗にありますが、それは言外に置くのではなく、明言しなければなりま

せん（つまり、主張部分は少なくとも「それはユニコーンではなく、オカピだよ」のようでなければなりません）。

　さらに、（反論でないだけではなく、）オカピであることの理由が述べられていないので、論証ですらありません。

　世にあふれている「ひどい反論」（12ページ参照）のほとんどは、このようなタイプのものです。つまり、
①主張に欠陥がある
②論証になっていない
　要するに、「反論のつもり」のコメントであるだけで、反論ではなく、それ以前に「論」でもないのです。
「ひどさ」の２大要素はこれらです。細かな要素はこれから少しずつ登場していきます。

ポイント！

★反論では、もとの論証の主張をちゃんと否定して、主張を支える部分（主張の理由）をちゃんと述べよう。

Q2

　Ａ「ガス灯のデザインの街灯はいいねえ、古風で」
　Ｂ「懐古趣味なのは一部の人だけだよ」

　Ｂの発言は反論になっていますか？

A2 ....

いいえ、反論になっていません。

　懐古趣味の人にはいいものであることを認めているので、まったく反論ではありません（し、論証にもなっていません）。

Q3

A「この豆腐はいいねえ、硬くて」
B「舌触りがよくなくて、上品さがないよ」

　Bの発言は、反論として不完全です。欠けているものを補って言い直してみましょう。

A3 ....

　Bの発言には、Aの発言を否定する部分が欠けています（理由部分だけしか述べられていません）。反論するためには、Aの主張を否定する部分が必要です。したがって、たとえば、次のようにすれば反論になります。

「硬い豆腐は舌触りがよくなくて、上品さがないよ。だからあまりよくないよ」

Q4

E「『人形の谷間』（小説名）はいい本らしいよ。ベストセラーになっているんだって」
F「さあ、それはどうかな」

Fの発言は反論ではなく、Eの主張を疑問視するものですが、意見としてはなにかが欠けていますね。それを補ってみましょう。

A4

　Fの発言には、疑問視する理由が欠けています。したがって、「いい本がベストセラーになるわけじゃないよ」とか「いい本かどうかは、どれほど売れているかとは関係ないよ」などを加える必要があります。

Q5

　B「その短いスカート、校則違反だよ」
　C「でも、みんなこうしてるよ」

　CはBの反論になっていますか？

A5

　いいえ、反論になっていません。
　Cの発言には前半部分が省略されているので、それを補うと、次のようになるでしょう。
　C´「うん、校則違反だよ。でも、みんなこうしてるよ」
　なぜこのようになるのかというと、「ううん、校則違反じゃないよ。でも、みんなこうしてるよ」では支離滅裂な発言になるからです。
　C´は「うん、校則違反だよ」と、Bの主張を肯定していま

す（Bの主張を否定していません）。したがって、反論ではありません。

Q6

「鯨は不思議な魚だね」

　これに対する反論を次の中から（あえて）選ぶなら、どれがもっとも適切？

(1)　不思議？　なぜ？

(2)　鯨が魚？　おまえバカ？

(3)　鯨は潮吹きをするんだよ。

(4)　一番大きいのはシロナガスクジラなんだよ。

(5)　別に—。

(6)　それがどうしたの？　レポートの宿題でもあるの？

(7)　カモノハシのほうが不思議だよ。

A6

答えは(7)です。

まず、選択肢から離れ、適切な反論を見てみましょう。

「鯨は魚じゃないよ。哺乳類だから」

もとの発言（結論のみで論証になっていませんが）を否定し、その理由を述べているので、反論の形式としてこれが適切です（20ページ参照）。

もとの発言は結論のみで論証になっていないので、(1)は反論ではありませんが、(1)のように質問するのは適切です。

(2)は後半が非常にまずい。議論では、「人に言及」してはいけません。意見を否定するのは全然OKですが、人（の性格や能力、など）を否定するのはダメです（65ページ参照）。

(3)(4)(6)は意味不明。(5)は「不思議」の部分の否定ですが、言葉足らずです。「別に不思議ではないよ」くらいに明言するべきで、その理由も添えなければ反論にはなりません。

(7)は「鯨はたいして不思議ではないよ」などの主張が省略されてしまっている欠陥はありますが、その理由「カモノハシのほうが不思議」が明言されているので、(1)から(7)までの中からあえて選ぶならこれがもっとも適切です——もちろん、カモノハシのほうがなぜ不思議なのかについての説明は、これに続けて述べるべきですが。

Q7

X 「シェイクスピアの喜劇には、ほとんど必ず下品な会話の
　シーンがあるから、子ども向けの推薦図書にはできないな」
Y 「子どもは下品さに関して感性が鈍いから、下品な会話が
　あってもなにも感じないはずだよ。むしろ喜ぶかもしれない」

　Yの発言は言葉足らずです。欠けているものを補ってみま
しょう。

A7

　Yの発言に欠けているのは、Xの主張を否定する部分です。
したがって、たとえば以下のように続ければいいのです。
「だから、下品な会話のシーンがあっても、それは推薦図書か
ら外す理由にはならないよ」
　これで形式的にはOKです（ただし、もちろん、発言内容の
良し悪しはまた別の問題です）。

Q8

A 「『ウンディーネ』*は幻想的で、すばらしい作品だ」
B 「ぼくは現実的なテーマの作品のほうが好きだな」

　Bの発言は、Aに対する反論になっていますか？

＊フーケ（1777-1843年）の小説。ドイツロマン派の代表作の1つ。

Aの発言は、より論証らしくすると「『ウンディーネ』は幻想的だ。したがってすばらしい（作品だ）」で、Bの発言はこの主張「すばらしい」を否定していません（自分自身の好みがどうであるかを述べているだけです）し、なにかを論じてもいません。

Q9

A「『ウンディーネ』は幻想的だ。したがってすばらしい」

　さて、練習としてAに反論してみましょう。

　あなたの反論は、反論の形式になっていましたか？　その内容がなんであれ、形式が反論になっていたのならOKです。それで正解です。

　ちなみに、反論の１例も置いておきましょう。
「『ウンディーネ』は幻想的ではあるけれど、あまりすばらしくはないな。雰囲気が軽すぎるよ。メーテルリンクの幻想的な作品群のほうが重くていいよ」
　これで形式的には反論になっています。ただし、その内容としては、「軽いものよりも重いもののほうがよりよい理由」がさらに必要です。

相手が「論」を述べていないときは、反論するのではなく、質問しよう

　相手が「論」を述べていないときや、説明が不十分のときは、反論するのではなく、質問しましょう。

　例を挙げて説明します。

A「子どもはどんどん自由にやらせるのがいい。間違っても叱ってはいけない」

　Aの発言は「論」になっていませんね。さて、どう質問したらいいのでしょう？

　たとえば、こうです。

　なにを自由にさせるのですか？　また、叱ってはいけない理由は？

　Aの発言にはなにを自由にさせるのかが抜けています。［遊びを？　悪戯を？　犯罪を？　すべてを？］
　また、なぜ叱ってはいけないのかも述べられていません。だから、それらを聞かねばなりません。

反論したいのなら、それらを聞いたあとでしましょう。あいまいな点を片付けずに先に進むと、議論が混乱することがあります。

Q10

おやつにはチョココロネがいいんだよ。みんな食べてるよ。

この発言に対して、なんと言うべきでしょう？

A10

　発言に不備があったら、反論をするのではなく、不備な点について質問すべきです。それは、建設的な議論を行なうための鉄則のようなものです。

　たとえば、「みんなって、だれ？」とか「どういう意味でいいの？」

　それを聞かずに「みんながしているからって、いいとはかぎらないよ」などのように言うのは、あいまいな点を無視して話を先に進める態度であって、あいまいさをいろいろ残したままにするので、望ましいことではありません（もっとも、本問のような他愛ない会話では、問題が生じることはないでしょうが）。

ポイント！

★発言に不備があったら、その不備について質問しよう。

Q11

A「学生はまじめであるべきだな」

B「その考えは古いなあ」

　Bはまずい発言をしています。「その考えは古いから、学生はまじめであるべきであるは間違い」と言っているかのようで、ムチャクチャな内容です。このようなムチャクチャな発言があると、議論は「言い争い」に発展しやすいので、このような発言をしてはいけません。

　さて、それはともかくとして、Bに対し、Aはどう言ったらいいのでしょう？

A11

　Bは「古い考えだからなんなのか」を述べてないので、それを聞く「それで？」が正解です（あるいは「それでなに？」とか「それで、どういうことですか？」など）。

　ところで、Bは「その考えは古いなあ」ではなく、どう述べるべきだったのでしょう？

　Aが「学生はまじめであるべきだ」と主張する理由を述べていないので、それに関して話を進める前に、その理由を聞くのが正しいのです。つまり、「なぜ？」や「その理由は？」などを聞くのです。

31

Q12

A「そんなバカな意見は聞いたことがない」

これに対して、どう言ったらいいですか？

A12

Aは「聞いたことがないからなんなのか」を述べていないので「それで？」と聞くことができます。また、「なぜバカな意見？」とも聞けます。

ただし、Aのような人に対しては、実生活の場では、そのように聞くのではなく、話をやめてしまうほうが賢明でしょうね。このような人とは、建設的な議論はできないでしょうから（もちろん、話をやめる、という選択肢を選ぶことができる状況ならば、ですが）。

Q13

A「昨日、ハチミツ湯を飲んだら元気が出たよ。いろいろな栄養が入っているからなんだろうね」

1．これに反論するなら、どう言えばいいでしょう。
2．また、Aに対しては、反論するよりも前にすべきことがあります。それはなに？

A13

1．反論するなら、たとえばこうです。

「さあね。1回そうだったってだけでは結論はできないよ（その結論はあやしいよ）」

2．「いろいろな栄養が入っている」の部分があいまいなので、反論よりも、それを確かめるのが先です。たとえば、「いろいろな栄養って、ほんとにそうなの？　具体的になにがどれほど入っている？　その情報ってどこに書いてあった？」などと聞きましょう。

Q14

　コウモリは哺乳類である。しかし、翼がある。それで、多くの人はコウモリを鳥だと思っている。

　この論証の欠陥はなんでしょう？

A14

　欠陥は、結論で「多くの人」と述べるための資料を示していない点です。

　結論が「それで、コウモリを鳥だと思っている人がいても不思議なことではない」なら、まあまあ納得がいく結論ですね。「それで、多くの人はコウモリを鳥だと思っているかもしれない」でも、まあまあでしょう。でも、「それで、多くの人はコウモリを鳥だと思っている」と断定形の結論を置くためには、前提

が不十分です（前提として、具体的な資料を示す必要があります。それがなければ断定できません）。

Q15

いま、小説『乙女の港』が中学生に人気がある。多くの中学生がそれを読んでいるのである。

この論証の問題点はなんでしょう？　また、これに対してどのような発言をするのがよい？

A15

問題点は、「多くの中学生」の部分があいまいであることです。したがって、「多くの中学生とは、具体的にはどういうこと？」などのように、正確な情報を求めるのがよい。

もちろん、「ふーん、多くの中学生がそれを読んでいるのかぁ」のように、鵜呑みにして納得してはいけません。

ポイント！

★「述べられた事実」の信頼性について懐疑的な目でチェックしよう。

（「疑え、とか、間違いだろうと考えよ」という意味ではありません。根拠をあなた自身で判定し、「信頼できる」との結論を得るまで信じないように、という意味です。）

相手の発言をあいまいなままに しないための質問

　相手の発言のあいまいな点をあいまいなままにしないための質問にはいろいろなタイプがあります。主な4つ「理由に関する質問」「事実に関する質問」「定義（語の意味）に関する質問」「論理の欠陥に関する質問」を見ておきましょう。

【理由に関する質問】

例：「X氏の態度は間違っています。他の部下の前で部下を叱ってはいけないのです」

　この発言には「叱ってはいけない理由」が欠けているので、それを聞きましょう。たとえば、次のように。

　他の部下の前で部下を叱ってはいけないのはなぜですか？

【事実に関する質問】

例：「最近、スナネコが人気です。だから云々」

「人気」が実際にどのようなものであるのかが、わかりません

から、それを聞きましょう。たとえば、次のように。

　どのような人たちに、どんな人気がどの程度、あるのですか？

　もちろん、「ふーん、最近、スナネコが人気なのかぁ」のように、鵜呑みにして納得してはいけません。

【定義（語の意味）に関する質問】

例：「最近、ウィーブ*は多いですねえ。だから、世界が日本化する傾向が見え始めたってことなんでしょうねえ」

　ウィーブがなにかを知らない人は、それを聞きましょう。つまり、
「ウィーブってなんですか？」

　若干聞きなれない語の場合は、あなたがその語の意味を知っていても、「わたしはその語の意味を知っているから、この質問は不要」などと考えないようにするほうがいいです。発言者の認識とあなたの認識は異なるかもしれません。異ならないことを確認するのは無駄なことではありません。

＊weeb　日本人ではない人で日本文化オタクである人の意の英俗語。

【論理の欠陥に関する質問】

例：「イカにはXが含まれています。だから、イカを食べるのは体によいのです」

「イカにはXが含まれている」から「イカを食べるのは体によい」は導けません。このアーギュメントには「発言の省略」があって、論理が正しくなくなっているのです。欠落している部分を聞きましょう。つまり、

　　Xを摂ることは体によいのですか？

「『Xを摂ることは体によい』が省略されているのは自明だから、わざわざ聞く必要はない」などと考えないようにしましょう。察して勝手に納得する態度は、議論の場では望ましくありません。

> **ポイント！**
>
> ★相手の発言があいまいなときは、そのままにしないで質問しよう。

Section 3

「論理」とはなにかを知ろう

論理には形がない

　論証（argument）中にある「前提群と結論の背後にあるような無形のもの」を論理といいます。そして、この論証において、前提群から正しく結論が導かれている場合、（その論証の）「論理は正しい」といいます。

《ちなみに、英語ではこれをvalidといいます。validは「妥当」と訳されることが多いですが、その意味は「論理が正しい」です。》

（補足）したがって、当然ながら、前提が欠けていたり、結論が欠けている発言・記述には「論理」はありません。

　例で具体的に見ていきましょう。

前提１：AはBである。
前提２：BはCである。

───────────────

結　論：AはCである。

　上記の論証で、結論は前提群から正しく導かれていますね。つまり、この論証の論理は正しいです。──で、論理はどこにあるのでしょう？　見えませんね。論理は形のないものなのです。

論理の正しさは形式の正しさ

　では次に、前ページの各アルファベットに名詞を代入してみましょう。

前提１：シギは鳥である。
前提２：鳥は動物である。
_____

結　論：シギは動物である。

　文章の形にすると、こうです。
「シギは鳥である。鳥は動物である。したがって、シギは動物である」（α）

　この論証はどうでしょう？　論理は正しいですね。各アルフ

ァベットになにを代入しても、この論証の論理が正しいことには変化がありません。

　では、次のように代入したらどうでしょう？

「シギは犬である。犬は魚である。したがって、シギは魚である」（β）

　この論証において、2つの前提はどちらも正しくありません。結論も正しくありません。が、この論証の論理は正しいのです！
　これであなたには、「論理がなにか」「『論理が正しい』とはなにか」が少なくとも漠然とはわかったのではありませんか？

《ちなみに、αのように、validであり、前提も真実である論証を、英語ではsoundといいます。soundは「健全」と訳されることが多いですが、（論理の文脈では）その意味は「validであり、前提も（そして当然ながら結論も）真実である」です。
　一方、βのほうは、validであるがunsoundである論証です。》

　ところで、βを見聞きして、たいていの人は「確かに、この論理は正しい」とは思わないでしょう。実生活では、論証（議論）は、validであることよりもsoundであることが重要なのです。

　もう少し例を続けましょう。

前提1：AはBである。
前提2：CはDである。
_____

結　論：AはDである。

　この論証はどうでしょう？　前提群から上記の結論は導けませんね。この論証の論理は正しくありません。

　では、上記の各アルファベットに名詞を代入してみましょう。

「ネコは哺乳類である。リュウグウノツカイは動物である。したがって、ネコは動物である」（γ）

　この論証はどうでしょう？　もちろん、前の論証と論理構造は同じなので、この論証の論理は正しくありません。
　2つの前提は真実です。結論も真実です。でも、論理は正しくないのです！《ちなみに、この論証は［真実のみが述べられているものの］invalidでunsoundです。》

これであなたには、「論理がなにか」「『論理が正しい』とはなにか」がはっきりとわかったのではありませんか？

　では、「論理」に関する確認問題です。

Q1

「今日は日曜日である。したがって、今日は日曜日である」

　この論証の論理は正しい？

 A1

　はい、正しいです。

　ちなみに、この発言を聞いて「おお、なんと論理的！」と思う人はいないでしょう。「論理が正しいか否か」と「論理的か否か」は、同じものではありません。

Q2

「ヤンバルクイナは爬虫類である。爬虫類は空を飛べない。したがって、ヤンバルクイナは空を飛べない」

　この論証の論理は正しい？

44

正しい。でも、読者の中には「述べられている前提が正しくないから、論理は正しくない」と答えた人はいるかもしれませんね。もっとも、実生活での論証では、validか否かより、soundか否かのほうがずっと大切なので、本問に間違えたからといって、全然問題ではないでしょう。

論理の正しさと「前提が真実か否か」とは無関係です。この論証では、論理は正しく、正しくない前提から正しい結論が導かれています。

ちなみに、多くの人は「なんだ、このめちゃくちゃな論証は？ これが論理的であるわけがない」くらいに思うでしょう。（繰り返しますが、）論理が正しいか否かと論理的か否かは別物です。

ポイント！

★論理が正しいか否かと論理的か否かは別物。

「演繹」で機械的に考える練習

　論理がどのようなものかを（理屈ではなく）体感で覚えられるように、純然たる論理の問題──演繹の練習問題に少しだけ接してみましょう。

　演繹とは「前提から100%正しい結論を導く推論」のことです。

　なお、以下の問題を少し見たあとで、「これらの問題を考えても、実生活の論証の上達には全然つながらないんじゃないか？」と思う人がいるかもしれませんが、そのように考えるのは間違いです。というのは、実生活の論証も、これらと同じ感覚で行なうべきだからです。つまり、機械的に考えるレベルで行なえる内容にするべきなのです。理詰めの思考には、そのような機械性が必要なのです。

Q3

「私は中学生だ。したがって、私は中学生か高校生だ」

この論理は正しい？

はい、正しいです。

実生活でこのような発言をしたら、友人に「おまえ、バカ?」と言われるでしょうね。でも、この論理は正しいです。

ちなみに、正しいかどうかがよくわからない人は次の対話を見てください。

教育実習生「きみは中学生か高校生?」
中学生「はい」

この中学生の返事は正しいですね。

Q4

「この絵は名作である。したがって、この絵は名作か駄作である」

この論理は正しい?

はい、正しいです。

前問と同じ論理なので、正しいのは容易にわかるでしょう。でも、本問はじつはかなりの難問で、前問抜きで出題していたら、読者の多くはたぶん間違えて答えていたでしょう。

Q5

前提：夕奈は12歳。
_____

結論：夕奈は12歳か20歳。

　夕奈が実際は16歳だった場合、上記の論証の論理は正しい（valid）？

A5
正しい。
　すでに見たように、前提が真実か否かと、論証がvalidか否かは、無関係です。

Q6

「タローは栗をめったに食べない。したがって、タローはいま栗を食べていない」

　この論理は正しい？

A6
正しくありません。
「タローは栗をめったに食べない」という前提から「タローがいま栗を食べている可能性はゼロ」という結論は導けません。

Q7

「エリカは日曜にしか小説を読まない。今日は日曜日。したがって、エリカはいま小説を読んでいるはずだ」

この論理は正しい？

正しくありません。

「エリカは日曜にしか小説を読まない。今日は日曜日」から「エリカがいま小説を読んでいることは100％確実」という結論は導けません。

たとえば、エリカが毎月第１日曜日にしか小説を読まないなら、「エリカは日曜にしか小説を読まない」は正しいのです。そして、第１日曜日以外の日曜には、小説を読んでいないのです。

またたとえば、エリカが小説を毎日曜の午後6時から3時間だけ読むのであれば、日曜であっても「いま」がその時間帯でないのなら、エリカは小説を読んでいないのです。

Q8

「私の彫刻はすばらしい。これはすばらしくない。したがって、これは私の彫刻ではない」

　この論理は正しい？

A8

　正しい。当然ですね。

Q9

「舞殿に中学生男子は入場禁止。したがって、舞殿に中学生は入場禁止」

　この論理は正しい？

A9

　正しくありません。舞殿に中学生女子は入場禁止か否かは不明なので、舞殿に中学生は入場禁止とは結論できません。

Section 4

「論理的」とは
どういうことかを知ろう

演繹と帰納

「論理的」は、帰納で登場する概念です。また、ラフな演繹でも使われます。まず、推論についてから説明します。

推論（inference）は、前提群から結論を導くこと、および、その思考のことです。推論には、演繹（deduction）と帰納（induction）の2種類があります（演繹についてはすでに少し説明しましたが、もう少し説明を加えます）。

演繹は、「Aである。したがってAである」のように、100%正しい（はずの）結論を導くことです（前提の「Aである」から導かれた結論「Aである」が100%正しいことはわかりますよね）。演繹において、前提から結論が正しく導かれているなら正しい演繹で、正しく導かれていないなら、正しくない演繹です。

Q1

「私は髪に緋色のリボンをつけている。したがって、私は髪に緑のリボンをつけている」

この推論は演繹です。この演繹は、正しい？

正しくありません。当然ですね。

演繹以外の推論を帰納といいます。**帰納は「100％正しいわけではない結論」を導く推論です。**100％正しいわけではないので、結論には「だろう」や「かもしれない」などが含まれることになります。ちなみに、推測は帰納です（「〜だろう」の形を取りますから）。

例：「私は寝坊することが多い。したがって、私は明日、寝坊をするかもしれない」

これは帰納です。ちなみに、この結論の部分を断定形（100％の形）に書き換えると、演繹で、
「私は寝坊することが多い。したがって、私は明日、寝坊をする（はずである）」
となり、これは正しくない演繹です。

帰納の結論は100％正しいわけではないので（100％正しいなら演繹）、「絶対的に正しい帰納」はありえません。
そこで、帰納では、正しそうな感じが強いか弱いかが最大のポイントとなります。帰納では「正しそうな感じが強いこと」が大切です。そして、**結論が正しく導かれている感じが強い場合、その推論は「論理的」とよばれます。**

推論のうち、演繹でないものはどれも帰納なので、帰納のタイプは非常にたくさんあります。例として、典型的な3つ「類推」「一般化」「統計的推論」を見ておきましょう（いま見たばかりの帰納例は「統計的推論」にあたります――「統計」とよべるような数学的な内容ではありませんが）。

なお、これらの分類名を覚える必要はありませんし、分類できるようになる必要もありません。帰納がだいたいどのようなものかを理解しやすいように例を並べる際に、すっきり見えるようにしているだけですので。

・類推

これは、類似のものとの比較によって行なう推論のことです。

例：「蛾は昆虫である。蝮（まむし）も同じ虫偏（ムシヘン）なので昆虫なのだろう」

これは「類推」による推論です。ちなみに、この類推では正しくない結論が導かれています。

例：「小説『マリアンヌの夢』はオレンジの背表紙でよく売れた。この小説もオレンジの背表紙だから、よく売れるだろう」

これも「類推」による推論です。

・一般化

これは、限定されたサンプルから一般論を導く（すべてを論ずる）推論です。

例：「いままでB店で買ったケーキはどれも美味しかった。B店のケーキはすべて美味しいだろう」

　　これは「一般化」です。

例：「トンボもセミも、脚は6本だ。だから、虫の脚はどれも6本なのだろう」

　　これも「一般化」です。

　調べた結果などから一般論を導くのは一般化です。一般化を行なうためには、多くのサンプルが必要です。

　ほとんどの人が、ごくわずかなサンプルで結論を導く「あやしげな一般化」を常日頃しています。ＴＶ番組では「▽▽の効果について検証してみました」と述べて1例チェックしただけで結論を云々しているものがよくありますね。

Q2

　サイコロを1回振ったら、6の目が出た。このサイコロは6の目が出やすいようだ。

　この論証の欠陥は？

 A2

　1回だけの試行で結論を導いている点です。これについては上記で説明したばかりですね。

Q3

　昨日、夕食時にハチミツ湯を飲んだら、夜が更けても眠くならなかった。ハチミツには眠気を取る効果があるようだ。

　この論証の大きな欠陥は2つあります。なにとなに？

　1回だけの試行で結論を導いている点と、他の原因の可能性を無視している点です。

　（さらに、「夜が更けても」は表現があいまいです。「その眠くならなかった時刻」にいつも眠くなっているか否かに関する説明がない点も大きな欠陥ですね。）

• 統計的推論

　これは確率的に結論を導く推論です。

例：「この箱の中に入っているクジのほとんどは『ハズレ』である。だから、私が1つ引いたら、それはたぶんハズレだろう」

　これは「統計的推論」です。多い傾向や少ない傾向から結果を予想するのはこれです。

　さて、ここまでで、「論理的」の意味は大ざっぱにはわかったことでしょう。

　以下、「論理が正しい」と「論理的」のそれぞれの意味を対比させておきましょう。

　演繹において、結論が正しく導かれている場合、「論理が正しい」（valid）といいます（validの日本語での訳語は「妥当」ですが、意味は「論理が正しい」です）。

例：「ワニは両生類である。したがって、ワニは両生類である」これは「論理が正しい」推論です。

　ところで、この推論では、前提が真実ではないので、真実ではない結論が導かれています。このように、推論の論理が正しいか否かと、結論が正しいか否かとは、まったくの別物です。
　推論で、論理が正しく前提が真実（それゆえ結論も真実）であるものをsoundといいます。この場合の（論理用語としての）soundには「健全」の訳語が使われていますが、この「健全」は、そういう意味［論理が正しく、前提も真実であるという意味］であって、一般的に使われる「健全・不健全」の意味とはまったく異なる点に注意しましょう。

　帰納の場合、もっともらしい結論が導かれているように「感じる」とき、それを（その感じを）「論理的」（logical）といいます（つまり、ある論証が論理的か否か、その論証の論理性がどの程度高いか、などは、それを聞いたり読んだりする人ごとに、まちまちなのです。ちなみに、英語のlogicalの語には他

にもさまざまな意味がありますが、それについては60ページで説明します）。

　推論が「論理的」であるためには、「もっともらしさ」「結論が正しく導かれているような感じ」が必要です。

　帰納における「論理」は、「理屈」と言い換えることもできます。「論理的」とは、「理屈が正しそうな感じ」とほぼ同じです。

　世間では、理屈が正しそうな帰納に対し「論理が正しい」(valid)の表現が使われることがよくあります（が、帰納に対してvalidの語を使うのは、厳密には正しくありません）。

ポイント！

★推論が論理的であるとは、結論が正しく導かれている感じ
　が強いこと。

"That's logical." と言われる
発言をしよう

　英語では、相手の発言に対して、"That's logical." と答える
ことがよくあります。これは、相手が述べた理屈に同意して「た
しかにその通りだね」の意を述べる発言です。

　論理的な発言とは、"That's logical." と相手に言われる発言
です。

　前ページでは、英語についての説明は省略しましたが、キリ
のいいところなので、ここで、英語について、多少説明してお
きます。

◇logic

　実生活においては、logic は理屈の意でも使われます。たと
えば、twisted logic は「へ理屈」の意です。

　reasoning もまた、理屈の意で使われます。reasoning は「結
論を導く思考」のことで、「論理思考」は logical reasoning で、
「分析思考」は analytical reasoning です。

　ロジック（logic）の日常生活での意味は「理屈」ですが——
日常的には「理屈」の意味で logic は使われますが——ロジッ
ク（論理）と理屈は同じものではありません。簡単に言えば、

「論理が正しい」とは、文字通り「論理が正しい」の意ですが、**「理屈が正しい」とは、「述べられている内容がすべて正しく、かつ、論理が正しい」の意**です。さらに、次の違いもあります。

「Aである。ゆえにAである」——この論理は正しいですね（前提から結論が正しく導かれています）。一方、「女の子は髪を1つに束ねるべきである。ゆえに、女の子は髪を1つに束ねるべきである」——これは理屈として成立していません。前提と結論が同じでは、理屈として成立しないのです。

《些細なことの追記》

「あれはカラスである。したがって、あれはカラスかクラゲである」

　この論理は正しいですし、「理屈を正しく述べている」と思えないこともありません。が、「なぜそんな変な発言をするの？」と思える内容ですね。**理屈を述べるためには、それを述べるまともな理由・意義が必要**なのです——ただし、「まともな、とはなんであるか」は難しい問題ですが。

◇logical

　ロジカル（logical）には、大別して2つの意味があります。

　＜1＞「論理の」と＜2＞「論理的な」です。

「ロジカル」の意味は、英語で考えるほうがよくわかるので、その点から説明しましょう。

＜1＞「論理の」

例：logical structure

　論理構造（logical structure）という表現は広く使われています。これは文字通り「論理の構造」という意味ですが、前述のように、論理は無形のものなので構造を持っていませんから、この表現自体は正確ではありません。これは「論理の点から見た、argument（論証・議論）の構造」のことで、「なにが結論で、なにが前提か」の構造のことです。これは、また、言い換えると「なにが結論で、なにがそれを支えるもの（理由・根拠）か」のことです。

＜2＞「論理的な」

例1：logical candidate

「論理的な候補者」??——これにはちょっと長い説明が必要ですね。

「彼が候補者になるのは（立候補するのは）理にかなっているように見えた（思えた）。」を英訳すると、

　He seemed a logical candidate.

となります。ここでのlogical candidateを直訳すると、理にかなった候補者（候補者として理にかなっている人）です。

　これでわかりますか？　「ロジカル・論理的な」とは「理にかなっている」ということです。

　これがわかっていれば、次の英文の意味はすんなりとわかり

ますね。

例2：X would be the next logical step.
「Xが、次のステップとして理にかなっているだろう」
という意味です。

例3：logical continuation

　ここでのcontinuationは「続き」とか「続くもの」の意ですが、
では、logical continuationは「論理的な帰結」??（これでは直
訳的すぎて意味がよくわかりませんね。）

　as a logical continuationは「理屈の点から当然な結果として」
つまり「理屈通りの結果として」という意味です。

　たとえば、坂の上にボールを置いたときに、ボールが坂の下
に転がっていったなら、それはlogical continuationなのです。

例4：logical explanation
「論理的な説明」??

　explanationには「理由説明」の意味があり、ここではその
意味です。

　意味もなく物を壊したりしない温和なAくんが、高価な壺を
あれこれ壊したのなら、「なにかもっともな理由がある（あった）
のだろう」とあなたは思うでしょう？　これを英語で言うと、

　There had to be a logical explanation.
となります。

——要するに、「論理的な」とは、単純に言えば、「理にかなっている」「理屈の点で正しい（と思える）」ということなのです。

ポイント！

★ 「論理的な」とは、「理にかなっている」「理屈の点で正しい（と思える）」ということ。

Q4

次の2つの発言のうち、どちらが論理的に聞こえる？

(1) 肺魚は、太古の時代に陸に上がった生物のうち、のちに水中に戻った生物の子孫なのだろう。

(2) 肺魚には肺がある。だから肺魚は、太古の時代に陸に上がった生物のうち、のちに水中に戻った生物の子孫なのだろう。

A4

(1)は推測の主張のみなので、「論理的か否か」以前に、論理がありません。

したがって、(2)が答えです。

Q5

勉強中は「勉強に集中しよう」と思うべきではない。

この発言に論理性を加えましょう——つまり、理由を添えて、論証の形にしてみましょう(もっともらしさはあまりなくても可)。

 A5

たとえば、こういう具合です。

勉強中は「勉強に集中しよう」と思うべきではない。勉強に集中している状態とは、「勉強そのもの」以外のことを考えていない状態のことで、「勉強に集中しよう」という思考は、「勉強そのもの」以外の思考であるので、集中を妨げるからである。

議論の行ない方

　さて、基本的な説明が一段落したところで、論理とは瞬時だけ離れ、議論の内容以外の点［行ない方、態度］について、基本を挙げておきます。これは、議論を、建設的な状態に保つための、世界標準様式のようなもので、論理とは関係はありません。

（1）人に言及しないようにする

　これは26ページで少し説明しました。「あなたは（間違っている）」「あなたの（意見は間違っている）」などとは言わないこと。「それは間違っている」「その意見は間違っている」などのようにしましょう。

（2）発言に感情を乗せないようにする

　不快な表情で述べたり、不満な口調で述べたり、怒って述べたりしてはいけません。そういったことをすると、相手を感情的に反応させるので、まともな話し合いをするのが難しくなります。

（3）感情に言及しないようにする

「それは心外だ」「それを聞くのは不愉快だ」などのようなこ

とを言ってはいけません（発言の中に「私」が入ってしまっています）。それらは話し合うべき理屈とは関係がないのです。それらを述べるとやはり、相手を感情的に反応させるので、まともな話し合いをするのが難しくなります。

　たとえば、ある事柄でなんらかの害が生じ、あなたが不快になっているようなとき、あなたが論ずるべきなのは「その害そのもの」についてです。あなたの不快感を述べるのは論点外れです。

ポイント！

★建設的な議論を保つための様式があることを意識しよう。

Section 5

もっともらしさが重要

「もっともらしさ」が論証の命

　帰納では「もっともらしさ・確実さ・可能性の高さ」などが重要です。

　ところで、帰納には、強い議論、弱い議論があります。**もっともらしさ等が強いのが「強い議論」**で、弱いのが「弱い議論」です。語調や口調の強さはまったく関係ありません。力んでも、声を大きくしても、「断じて」などの語を使っても、強い議論にはならない点に注意しましょう。

　帰納における「もっともらしさ」は、結論（の推測）が当たる確率とだいたい比例します——というよりも、確率の高さが「もっともらしさ」の命（最重要点）です。

　「もっともらしさ」について、これから、いろいろな面から見ていきましょう。「論理性」になじみ、無意識のうちに、感覚的に身につけていくのです。

Q1

次の２つの論証でよりもっともらしいのはどちら？

(a) サイコロで２回連続で６の目が出た。だから次に出るのも６の目だろう。

(b) サイコロで５回連続で６の目が出た。だから次に出るのも６の目だろう。

A1

(b)ですね。

(a)よりも(b)のほうが、結論の予想が当たる可能性は高そうです。それゆえ、もっともらしいのです。

Q2

次の２つの論証でよりもっともらしいのはどちら？

(a) サイコロで５回連続で６の目が出た。だから次でも６の目が出るはずだ。

(b) サイコロで５回連続で６の目が出た。だから次に出るのも６の目だろう。

A2

(b)が正解です。

「はず」（英語ではmust）は、100％確実な論理的帰結を示す

69

表現です。サイコロで5回連続で6の目が出たからといって、次に6の目が出ることは確実ではありませんから、(a)の結論は正しくありません。

★ちなみに、この例でわかるように、「言い切れば説得力は増す」は正しくありません。断定できないことを断定すると、その論証は論外なものになります。

Q3

　次の推論2つのうち、結論の予想が正しそうな（当たる確率が高そうな）ものはどちら？

(a) 「タローは栗をめったに食べない。したがって、タローはいま栗を食べているだろう」
(b) 「タローは栗をめったに食べない。したがって、タローはいま栗を食べていないだろう」

A3

(b)が正解です。

「めったに食べない」ということは、現在食べている確率は50％よりもずっと低い、という意味とみなせますから、(b)の予想が当たる確率のほうが(a)よりも高いでしょう。

　以下の2つの問題では、サイコロを1回振って、1の目が出たら「失敗」、それ以外の目が出たら「成功」とします。

Q4

A「私はいまサイコロを 1 回振る。私はたぶん成功するだろう」

このAの発言は、あなたにとって、「もっともらしい発言」ですか？

A4

この問題に対しては、数秒考えたあと、「まあまあかな」「変な予想ではないな」と思った人がほとんどでしょう。

これが意味するのは、「5／6（約83％）の確率は、『たぶん〜だろう』と述べるには、だいたい十分」ということです（多くの人にとってはそう、ということで、万人にとってそう、というわけではありませんが）。

Q5

A「私はいまサイコロを 1 回振る。私は必ずや成功する」

このAの発言にあなたは賛成しますか？

A5

あなたは賛成しなかったでしょう。5／6の確率の場合に「必ず〜」と断定形で結論するのは、正しくありません。「必ず〜」と述べるためには、確率は100％でなければなりません。

「だろう」や「かもしれない」を加えるべき論証（帰納）から
それらを消して断定形にすると間違った演繹になります。「だ
ろう」や「かもしれない」を加えるべき論証からそれらを消し
て断定形にしてはいけません。

Q6

釣り堀にニジマスが1匹、他の魚が9匹います。
A「魚を1匹釣ったら、それがニジマスであることはありう
る」

この発言は、もっともですか？　なお、どの魚の釣りやす
さも同じとします。

A6

はい、そうですね。10％の確率の出来事に「ありうる」を使
うのは正しいですね。

Q7

釣り堀にニジマスが2匹、他の魚が8匹います。
A「魚を1匹釣ったら、それがニジマスであることは十分あ
りうる」

この発言のもっともらしさについて、あなたはどう思いま
すか？

あなたはたぶん「もっともらしい」と思ったことでしょう。でも、もしかしたら、「20％の確率では、十分ありうると述べるためには全然たりない」と思ったかもしれません。

この問題のもっともらしさをどう判定するかは、人によって（あるいは、そのときの気分によって）大きく異なるでしょう。「十分ありうる」（英語では、may well［かもしれないし、その可能性は十分ある、の意］）はそういうタイプの表現ですね。

Q8

次の２つの論証で、どちらがよりもっともらしい？
「６の目が出やすい」と噂されているサイコロが、実際にどうなのかをテストするために──

(a) それを２回振ったところ、２回とも６の目が出た。そのサイコロは歪んでいるといえる。
(b) それを３回振ったところ、３回とも６の目が出た。そのサイコロは歪んでいるといえる。

A8

(b)が正解です。

歪みのないサイコロを振った場合、(a)の現象が起こる確率は約３％で、(b)の現象が起こる確率は約0.5％です。

起こる確率が５％を少し下回る現象が起こったら、「もしかしたら（歪みがあるかも）……」という感じがある程度ですね。

１％を少し下回る現象が起こったら、「たぶん（歪みがないというのは正しくない）」という感じがあるけれど、「確実に歪んでいる」とまでは言えない程度ですね。

（余談）昔から、統計的検定で有意水準*として、５％の値や１％の値がよく使われてきました。本問の例をみると、その水準の意味——というよりも、どの程度の有意性か、はよくわかるでしょう？

*検定結果として確率の値を示す際に使われる用語です。「有意水準５％で有意」とは、その現象が起こる確率が５％以下であることを意味し、「有意水準１％で有意」とは、その現象が起こる確率が１％以下であることを意味します。いまはPCの性能がよくなっていてかなり正確な確率の値が計算できることが多いので、有意水準云々の表現を使わずに、p＝0.02のように、単に確率の値を示すのがふつうです。

　１問だけ、統計的検定の問題を見てみましょう。

Q9

「Aチーム４人とBチーム４人が、囲碁の対戦（４局）をして、Aチームが４戦全勝となった。ゆえに、AチームとBチームには歴然とした実力差があると言える」
　これは正しい？

正しくありません。

AチームとBチーム（の4局の各対局者間）に実力差がないと仮定すると、Aチームが4勝する確率は1／16（＝6.25％）と、5％をすっかり超えていますから、Aチームが4戦全勝したところで、ありふれた現象が起こったにすぎません。したがって、「実力差がある」とは結論できません。

Q10

うちの学校の生徒の約60％はルネサンスの画家のジョルジョーネ（1477-1510年）を知っている。だから、うちの学校の生徒である理恵は、ジョルジョーネをたぶん知っているだろう。

この論証はあなたにとって「もっともらしい」ですか？

A10

いいえ、とたぶんあなたは考えたでしょう。

どのくらいの確率のときに「たぶん」を使うかは人によっていくぶん異なりますが、80％以上で使う人が多いでしょう（少なくとも、英語のprobablyが示す確率は80％ほどです）。その人たちにとっては、60％で「たぶん」を使うのは不適切に思え、この論証は「もっともらしく」は見えないでしょう。

Q11

　サイコロには６つの面がある。だから、サイコロを６回振れば、１の目は１回は出るだろうね。

　この論証はあなたにとって「もっともらしい」ですか？

　いいえ、とたぶんあなたは考えたでしょう。

　６回振って１の目が１回以上出る確率は約67％なので「１回は出る"だろう"」とはとても結論できませんね。

Q12

　サイコロを振ったら６の目が出た。次も６の目が出るかもしれない。

　この論証はもっともらしいですか？

　はい、そうですね。

　ここでの「かもしれない」は「可能性は皆無ではない」くらいの意味です。

　２投目では、もちろん、６の目が出る可能性は皆無ではないでしょうから、この結論「次も６の目が出るかもしれない」は適切です。

Q13

　サイコロには６つの面がある。したがって、サイコロを60回振れば、１の目は10回ほど出るだろう。

　印象だけの話なら、これはかなりもっともらしいようには見えますが、もっともらしいか否かは「10回ほど」の表現の意味にかかっています。
「10回ほど」の表現を「９回か10回か11回」の意とみなしてみましょう。
　その場合、この論証はもっともらしいですか？

A13

　いいえ、違いますね。
　サイコロを60回振って１の目が「９回か10回か11回」出る確率は約40％です*から、「10回ほど出るだろう」とは結論できません。それゆえ、この論証はもっともらしいとはいえませんね。

　ちなみに「10回ほど」の表現を「８回以上12回以下」の意とみなした場合は、「10回ほど」出る確率は約61％なので、これでも「10回ほど出るだろう」とは結論できませんね（せめて80％近くはほしいです）。

* $\displaystyle\sum_{k=9}^{11} {}_{60}C_k\left(\frac{1}{6}\right)^k\left(\frac{5}{6}\right)^{60-k}=0.395897...$

Q14

次の２つの論証で、「もっともらしさ」がより強いのはどちら？

⒜　茜はルネサンスの画家ジョルジョーネを知っている。だから、ティッツィアーノやティントレットも知っているだろう。

⒝　茜はルネサンスの画家ジョルジョーネを知っている。過去の有名な画家に関心がある人は、関心は１人にとどまらず、他にどんな画家がいるかを調べて、それらの画家の作品をいろいろ見る傾向がある。だから、茜はティッツィアーノやティントレットも知っているだろう。

（ちなみに、あなたが学生時代に油絵に関心があったのなら、ジョルジョーネやティッツィアーノやティントレットの絵をふんだんに見たことがあるでしょうが、そうでなかったら、その人たちのことは、名前すら知らないかもしれません。でも、上記の論証の「もっともらしさ」は、あなたがそれらの画家を知っているか否かとはまったく関係ありませんね。）

A14

正解は、⒝です。

⒜は「Ｘを知っている。ゆえにＹを知っているだろう」の形になっていて、ギャップが大きすぎます。Ｘを知っていること

78

が、なぜ「Yを知っているだろう」の結論になるかの理由が述べられていません。(b)のほうにはそれがあります（うまい理由説明になっているか否かは別として）。したがって、(b)の論証のほうがもっともらしいのです。

　論証には、前提と結論をつなぐ部分の明言が必要なのです。

　ちなみに、(b)は（(a)よりもよいとはいえ）、「すばらしい論証」にはほど遠いですね。だから、当然ながら、いろいろな欠陥があります。

　大きな欠陥2つは以下のとおりです。

1　ティッツィアーノとティントレットが過去の有名な画家であることが述べられていません。このような述べ忘れがあると、発言や記述の論理性は損なわれます。

2　「〜の傾向がある」と述べているだけで、それが確かなものである証拠を示していません。「〜の傾向がある」と言える資料の提示が必要です。

（ちなみに、あなたがティッツィアーノとティントレットのことをよく知っているなら、上記の1つ目の欠陥には気づかないかもしれません。自明すぎると、述べる必要があることになかなか思い至らないものですから。）

Q15

「カロリー不足のときは頭がよく働かない。だから、昼食抜きで午後のテストに臨むときは——」

　この文の後ろに置くものを、次のうちから選ぶと、理屈がもっとも正しいように思えるのはどれでしょう？

(1)　チョコレートくらいは食べたほうがいい

(2)　軽い運動をしたほうがいい

(3)　しばらく瞑想したほうがいい

(1)チョコレートくらいは食べたほうがいい、が正解です。「カロリー不足にチョコレート」とだいたいダイレクトにつながるので、これが答えです。

　(2)を置くと、「これはどんな理屈だろう？」としばらく考え込んでしまう論証になってしまいます（しかも、運動したらカロリーは消費されますし）。だから「論理的」という印象からはほど遠いですね。

　——の部分が(3)では、「これじゃ全然理屈になってないよー」という論証です。

Q16

　ブロッコリー、ホウレンソウ、じゃがいもなどには酸っぱさ（酸味）がない。したがって、それらにはビタミンCがほとんど含まれていない。

　この論証は正しいですか？

 A16

　間違いです。

　ビタミンCについての知識がある人は別として、そうでない人には、これはもっともらしく思えるでしょう。この論証に欠けている前提「ビタミンCが豊富なら酸っぱい」を、頭の中で補完してしまうからです。

　この論証は間違いです。それらの野菜にはビタミンCが豊富に含まれています。かんきつ類などの果物の酸っぱさは、ビタミンCによるものではなく、クエン酸によります。

　欠けているものを勝手に補わないように注意しましょう。これは、批判的に聞く・読むために重要です。日本人は、「察して補う」ということを日頃よく行なっているので十分注意が必要です（というよりも、しないようにしましょう）。

★欠けているものを勝手に補いながら、聞いたり読んだりしないこと。

Section 6

前提と結論をつなぐ部分を
明言しよう

同意が得られる前提を用いる

　日本人（のほぼ全員）は、「省略しても意味が通じるものは徹底的に省略する」という表現習慣にどっぷりとつかっています。この感覚のままで論証を行なうと、たいていは論理性に乏しい論証になるので、この点には注意が必要です。

　英語圏の人の発言を聞いて、「この人はずいぶん論理的な話し方をするなあ。日本人とは大違いだ」と感心することはよくあるでしょう？　この印象は主に、省略するものの量から来ています。日本人が論理性に欠けているのではなく、省略するものが多すぎるのです。

．．

例題

　ハチドリには翼がある。だから、ハチドリは鳥に違いない。

　この論証の論理性はどの程度でしょう？　知識の点からは考えず、論理だけについて考えてみてください。

．．

　論理的とはまったく言い難いレベルですね。この論証は「ジェット機には翼がある。だから、ジェット機は鳥に違いない」と同じことを言っています。

ところで、この論証の隠れた前提はなんでしょう？

それは、「翼があるものは、すべて鳥である」です。

この隠れた前提が正しくないので、この論証が「論理的とはまったく言い難いレベル」となっているのです。

　論理性は、隠れた前提が正しいか否か、あるいは、どれほど賛成を得られるか、に大きく影響を受けます。隠れた前提は、読み手や聞き手の賛成・同意を得られるものでなければなりません。

　また、前提が隠れたままでは同意が得られないかもしれないならば、隠れたままにせず明言し、それについて説明を加えなければなりません。

　たとえば、「あれはピアノである。だから楽器である」には、隠れた前提「ピアノは楽器である」があります。この程度のものなら隠れていても問題はないでしょう。が、仮に「楽器とはなにかを聞き手や読み手が知らないかもしれない」のであれば、「楽器」についての説明と、ピアノが楽器であることの説明が必要なのです（さもなければ、それを知らない人には、論理性が感じられなくなるのです）。

ポイント！

★隠れた前提は、読み手や聞き手の賛成・同意を得られるものとしよう。

例題

　127は1とその数自身（127）でしか割り切れない。したがって、127は素数である。

　この論証の隠れた前提はなに？
………………………………………………………

　それは、「素数とは、1とその数自身でしか割り切れない数のことである」です。

　この定義はあまりにもあたりまえ（と言えるレベルの）知識です。こういったものは明言せず隠れた前提扱いとしてもだいたいはOKです。が、「自明なものは隠すべき」と考えるのは間違いです。隠してもよい（隠してもまず問題は生じない）、というだけのことであって、「万人に理解できるように」という点からは明言するほうが望ましいのです。

　隠したら「なにを言っているのか、わけがわからなくなる」ような場合は、もちろん明言が必要ですが、そうでなくても、やはり明言しましょう。そうするほうが、論理性がより高い印象になることが多いからです。

………………………………………………………

例題

　次の論証2つには、どちらにも隠れた前提があります。そのうち一方は、隠れた前提を明言したほうがいいのですが、それはどちらでしょう？

(a) 私は小学生である。だから、私は未成年。

(b) 28の約数でそれ自身を除くもの（1, 2, 4, 7, 14）の総和は28である。ゆえに、28は完全数（perfect number）である。

……………………………………………………

答えは(b)です。

完全数がなんであるかを知っている人はあまりいないでしょう（数学好きな子にとっては、必須知識といえるほどあたりまえなことですが）。だから、完全数の定義が述べられていないと意味不明な論証になって、「論理性の高低」以前の問題となります。「述べてなくてもわかる人にわかるなら、それで十分」ではありません。

★「述べてない部分が"わかる人にはわかる"なら、述べるのを省略してもよい」と考えないようにしましょう。とくに、論理構造にかかわる部分＊は省略せず、極力明言しましょう。

省略を避けてなるべく緻密に表現するのです。

＊「論理構造にかかわる部分」とは「結論と、それを導くために必要なすべての前提」のこと。61ページ参照。

ポイント！

★省略せずに明言しよう。

Section 7

隠れた前提に注意しよう

隠れた前提がおかしいと論理もおかしくなる

　さて、実生活のargument（論証・議論）では、いままでに出てきた数々の論証よりもずっとラフな形を取ります。単純な例を示しましょう。

　「今日は雨だったから、明日も雨だろうね」

　これを表形式に書き換えると、以下のようになります。

前提１：今日は雨だった。
前提２：今日が雨なら、明日も雨である可能性が高い。

結　論：明日も雨である可能性は高い。
　［結論の書き換え］明日も雨だろう。

　前提２が実際には述べられていない点に注目！
　実生活のargument（論証・議論）では、このように、述べられていない前提が必ずと言っていいほどあります。この点が「ラフ」なのです。

　さて、「今日は雨だったから、明日も雨だろうね」の論理が

正しいかどうか、の実生活での判定はこれがsoundか否かの点にかかってきます。それで、（上記の結論の書き換えをOKとみなすと、）soundか否かは、述べられていない前提「今日が雨なら、明日も雨である可能性が高い」が真実か否かにかかっていることになります。

　多くの人は、この前提に賛成しないでしょう（「正しくなさそうだ」と思うでしょう）が、ごくわずかには賛成する（「正しそうだ」と思う）人もいるでしょう。したがって、この論証は、多くの人にとっては論理が正しくなく（unsound）、ごくわずかな人には論理が正しい（sound）、ということになります。

　ちなみに、ここでは議論に関して、「正しいか否か」ではなく「正しそうか否か」という判断が出てくる点に注目してください。この「正しそうか否か」という判断で、正しそうだと思うとき、その論証は「論理的」なのです（それがlogicalの語の意味です）。

　実生活での論証・議論が「論理的である」とは、明言されている部分のみならず、隠されている部分（の前提）にも正しそうな感じがある、ということなのです。

★なお、述べ手が結論を導くうえで「当然のこととみなしている考え」（明言していようといまいと）を、英語ではassumption（アサンプション）といいます。

　論理性に問題がある発言のほとんどは、assumptionに問題があります。

説明用の例題 α

「AはBである」から結論として「AはCである」は導けません。

前提1：AはBである。
前提2：[　　　　　　　]
――――――――――――――
結　論：AはCである。

　前提2の部分になにが必要でしょう？（なにがあれば上述の結論が導けますか？
……………………………………………………

　答えは「BはCである」です。あたりまえですね。

説明用の例題 β

「AはBである。だから、AはCである」
　この発言には前提が1つ隠れています。それはなんでしょう？
……………………………………………………

　答えは「BはCである」です。あたりまえですね。前問の直後なので、答えはすぐにわかるでしょう？　また「隠れている前提」の意味もわかるでしょう？　βの前にαを置いたのは、

そのためです。

　以上から容易にわかるでしょうが、「AはBである。だから、AはCである」と述べる人は、「BはCである」と考えている（当然のこととみなしている）のです。

　このように、**書き手や発言者が「当然のこととみなしている考え」をアサンプション（assumption）といいます**（述べられていてもいなくても）。

　発言や記述の論理を考えるうえで、アサンプションがなにかを考えることは非常に重要です——述べられていないアサンプションをみつけるだけでたいていは十分、といえるほど重要です。

Q1

「おやつにはチョココロネがいいんだよ。みんな食べてるよ」

　この論証で、「みんな」が文字通り「みな」を意味していない欠陥がありますが、それ以外にどんな欠陥がありますか？

この論証には「みながしていることはいいことである」（か
それに類した内容）のアサンプションがあり、それは正しくあ
りません。

Q2

　ハチドリは花の蜜が好きだ。だから、ハチドリは蜂に違い
ない。

　この論証にあなたはきっと同意しないでしょう？　なぜで
すか？

A2

それは、この論証の隠れた前提「花の蜜が好きであるならば、
蜂である」が間違っているからです。

Q3

　私がきょう捕らえた蝶は、私が知らないものだった。した
がって、それは新種に違いない。

　この推論中の隠れた前提はなに？

A3

それは、「私は現存する全種類の蝶を知っている」です。こ
れがないと「それは新種に違いない」という結論が導けません。

Q4

うちの夕食でイカの天ぷらを食べたことがない。だから、
明日の夕食でもイカの天ぷらを食べることはないだろう。

この論証のアサンプションはなに？

 A4

それは「これまでになかったことは、明日もないだろう」で
す。これがないと「明日の夕食でもイカの天ぷらを食べること
はないだろう」という結論が導けません。

Q5

「紅茶は健康にいいんだよ。テレビでそう言っていたよ」

この論証の欠陥は？

 A5

この論証の欠陥は、正しくないアサンプション「テレビで言
われたことはすべて正しい」がある点です。

「テレビでそう言っていたよ」は、「テレビでそう言っていた
から『紅茶は健康にいい』は正しい」を暗に意味していて、こ
れには「テレビで言われたことはすべて正しい」のアサンプシ
ョンがあります。これは正しくありません。

Q6

　D氏が「そんなバカな意見は聞いたことがない」と言いました。この発言には言外に「（だから、）その意見は間違いだ」があります。

　この発言は、「それがバカな意見である理由」が述べられていない、という巨大な欠陥があり、その欠陥だけで論外な発言なのですが、その部分はいまは無視することにして、先に進みます。

前提１：そのような意見は、私は聞いたことがない。
前提２：[　　　　　　]
_____

結　論：その意見は間違いだ。

　さて、上記の結論が導けるためには、前提２としてなにが必要でしょう？

A6

「私が聞いたことがない意見は間違いだ」が必要です。これがないと、結論として「その意見は間違いだ」が導けません。

　ちなみに、「私が聞いたことがない意見は間違いだ」の部分に賛成する人（それが正しいと考える人）は皆無でしょう。

　D氏の発言は、言外にこの前提２を持っている点で、論理的には論外なのです。

Q7

A「クラーケンは船よりも大きいね。（だから）地球上で最
　大の軟体動物なんだろうね」
B「おまえ、バカだな」

　Bの発言は論証になっていないので反論ではありませんし、
人に言及しているので、議論のあり方として正しくありませ
ん（65ページ参照）。
　Aに対し、どう反論したらいいでしょう？

P. モンフォールの1810年の絵

A7

　Aはクラーケンが実在の生物であると考えています。だから、
このアサンプションが間違いであることを指摘すればいいので

97

す。

　たとえば、「それは違うよ。クラーケンは空想上の生物だよ」

ポイント！

★論理性に問題がある発言のほとんどは、アサンプション（当
　然のこととみなしている考え）に問題がある。

Section 8

主張の中に「私」を入れない

「私は〇〇と思う」は使わない

　主張の中に「私」を入れないようにしましょう。数学の論証中に「私」が使われないことから、これは自明でしょう。**論証（議論）が、「私」に関するものでないかぎり、主張の中で「私」を使うのは不適切です。**

　主張の中に「私」を入れてはならないという点は、日本人にはわからない人が多いかもしれません。多くの日本人にとって、「Aである」と「Aであると（私は）思う」はほぼ同じ意味だからです。「Aである」と確信していても「Aであると（私は）思う」を使うのであって、「Aであると（私は）思う」は「確信していないこと」を意味しないのです。つまり、「Aであると（私は）思う」と述べて本人は「Aである」と述べているつもりなのです。

　一方、**英語や（おそらくほとんどの）他の言語では、「Aであると（私は）思う」は確信していないことを示します。**つまり、「私はそう思うのであって、真実が何かはわからない」の意です。論理以前の問題として、この意味の違いは知っておきましょう。

　少なくとも、英語で議論をしているときにI thinkを使うと、

あなたの発言は、あなたが意図している意味では伝わりません（もちろん、確信していないことを示したいなら、I thinkを使っても問題ありません。あなたが何を伝えようとしているかに応じて、I thinkを使うか否かを決めましょう。日本語の感覚で、I thinkを使わないようにしましょう）。

参考

　That's true. その通りです（あなたが言っている通りです）、の意。

　I think that's true. その通りだろうと思うけれども、ほんとにそうであるかまではわからない、の意。

　また、別の例。

　だいじな試合を明日にひかえていてナーヴァスになっている人に対し、

　I think you'll win.

では励ましになりません（あなたは勝つだろうと思うけれど、勝利を確信しているわけではありません、の意なので）。

　I'm sure you'll win. とか、

　I know you'll win.

などでなければ励ましにはなりません。

　ちなみに、話がちょっと離れますが、英語圏では、「小論文中に、I thinkやI believeやin my opinionなどを書く必要はない」と指導されています。小論文は、書き手が何を考えているかを書く文章なので、「私が考えていることを書いているのです」とわざわざ示す必要はないからです。

Q1

A　（展示されている写真を指して）「これはなんですか？」

B　「ダイオウイカだと（私は）思います」

　Bの発言は、日本語での他愛ない日常会話としては問題ないでしょうが、これが英語での会話だったり、若干フォーマルな場での対話だったなら、論証形式にしたほうがいいですね。

　どう変えたらいいでしょう？

A1

「（私は）思う」をやめて、理由部分を加えます（これがないと論証にはなりません）。たとえば、「（それは）たぶんダイオウイカでしょう。船よりも大きいですから」とすればいいのです。

★英語では、このような他愛ない日常会話でも、論証形式で発言するのがふつうです。英語圏の人の発言がやけに論理的に聞こえることがよくあるのは、日頃、理由を言い慣れているからです。

ポイント！

★「（私は）思う」をやめて、理由部分を加えよう。

Section 9

支える部分の中に
「私」を入れない

主張を支える部分に「私」を使わない

　主張を支える部分の中に「私」を入れないようにしましょう。数学の論証中に「私」が使われないことから、これは自明でしょう。論証（議論）が、「私」に関するものでないかぎり、主張を支える部分の中で「私」を使うのは不適切です。

　わかりやすいように、極端な例を、1つ挙げておきましょう。

　例：蜘蛛には脚が10本ある。なぜそのように言えるのかというと、私がそのように考えているからだ。

　これではムチャクチャです。

　なお、論理とは離れますが、述べ手の考えで主張を支えている意見を、主観的な意見といいます。意見の述べ方として不適切です。

　日本人の多くは、「客観的に述べる」とは「数値等を示すこと」くらいに考えているかもしれませんが、それは微妙に正しくありません（数値等を示して述べたら、客観的にはなりますが）。客観的に述べるとは、述べ手の考え・思い・判断など抜きで述べることです。

　ここで、前項と本項の関連話題として、「日本人が書く英語の文章の特異性」と「作文も論証」に触れておきましょう。

日本人が書く
英語の文章の特異性

　これはいろいろ挙げられますが、主なものは以下の4つでしょう。

1. 文章中にI「私」がとても多い

　たとえば、「私が大好きな食べ物」という課題作文を大学生が書くと（いえ、大人でも同じでしょうが）、ほとんどIが主語の文ばかりになります。主張の主語はIで、それを支える理由の文の主語もIです。

　英語で書くべき文章は、まず冒頭に、My favorite food is sushi. などのように書いて、そのあと、どの寿司のどんなところがいいのかを詳しく説明する文章です（寿司のことを語るのであって、私のことを語るのではない）。

　このように書くのがあたりまえのことなので、日本人の書く「私」ばかりの文章は、とても異様に見えるのです。

　日本人は「論ずる」ことをしないで、思いを語ってばかりです。

2. 文章中に疑問文がある

　「△△は～であろうか？　その通りである」のような、「それに自分で答えるための疑問文」が文章中にあります。

学術論文でも、「はたして▼▼は△△であろうか。本論文では以下、これについて考察していく」のような書き方がときに見かけられます。

　論証中には、疑問文を書いてはいけません。自分で答えるための疑問文を書くと、文章は冗漫になるからです（冗漫さを避けるのは、英語の文章の書き方の大基本の１つです）。

　なお、「はたして▼▼は△△であろうか。本論文では以下、これを考察していく」には、ほかに、根本的な欠陥があります。考察結果は冒頭で示さなければなりません。最終的な結論を最後まで隠して記述を進めるのは、論文の書き方の基本から逸脱しています。

３．説明不足すぎて、理屈が、変だったり、不明だったりすることがよくある

　日本人は発言や記述で、自明なことを極力省略するので、自分にとって自明なことが他の人にとって自明ではないときにもそれに気づかずに省略してしまうことがよくあります。

　たとえば、「私は地方出身なので、ひとり暮らしをしています」のような文を書きます。もちろん「地方出身者にはひとり暮らしをする以外の選択肢はない」などということはないので、この文の理屈はわけのわからないものになっています。

４．自分の意見を持っていなくて、それを書けない

　日本人の多くは、他の人びとの意見をたくさん聞いてから、

多数派の意見を自分の意見として採用します。それで、いままでに聞かれたことのない事柄の質問には、自分の意見を言えません。自分自身の意見が空白なのです。

　小論文などを書くときでも同様で、いままでに考えたことのない事柄について書かねばならないときに、「自分自身の意見」を書けません。それで、その人らしさがまったくない、当たり障りのない（と本人が思う）ことしか書けません。

Q1

次の論証には大きな欠陥が２つあります。それはなに？

コーヒーに砂糖を入れるのを禁止すべきだと思う。コーヒーに砂糖を入れるのを禁止しよう。

1つ目は主張を支える部分に「私」（"私は"思う）が入っている点です。

これを取り除くと次のようになります。

コーヒーに砂糖を入れるのを禁止すべきである。(ゆえに)コーヒーに砂糖を入れるのを禁止しよう。

これで少しは改善になりましたが、こうするともう1つの欠陥がはっきりわかりますね。

2つ目は、禁止すべき理由が述べられていない点です。

作文も論証

　作文に関しては、日本人のほとんどが誤解しています。「作文は自由に書いてよい」——これがそれです。

　作文にはいろいろな種類のものがあります。たとえば、「▽▽（料理名）の作り方を説明せよ」とか「E. A. ポーを模した詩を書け」などの課題で書く文章は作文ですが、この種類のものは日本の学校では滅多に書きませんね。日本の学校で書く作文のほとんど（もしかしたら、すべて）は書き手自身の「考え」を述べる文章です。

　この場合、与えられたテーマ（文化祭とか遠足、など）に則してどんな内容を選ぶかは自由です。が、「どのように書くか」は自由ではなく、以下のようにせねばなりません（これは世界標準です）。

● 世界共通の「作文のルール」

⑴　「伝えたい考え」がなんであるかは明言しなければなりません。「文脈で表現」とか「情景描写で暗に示す」などではダメです（それは創作 [creative art] を書くときの方法であって、考えを伝えるための文章の書き方ではありません）。

⑵　「伝えたい考え」は１つでなければなりません。考えを２

つ以上書きたいのなら、「それらを並べることでなにを伝えたいのか」を「伝えたい考え」としなければなりません（例は次ページに）。

⑶ 「伝えたい考え」は1つのセンテンスで書かねばなりません。2つ以上のセンテンスに分けて書いてはダメです。

⑷ 「なぜそのような考えであるのか」の理由は、詳しく説明しなければなりません。「読み手が察することができるだろうから省略」ではダメです。読み手が容易に察することができることですら、明言しなければなりません。

⑸ 伝えたいその考えは、あなたにしか書けないものでなければなりません（多くの人が同じ考えを書けるのなら、あなたの考えは、他の人にとって読む価値のないものです）。これをoriginalityといいます（日本人にはオリジナリティを「類いまれな斬新さ」くらいの感じでとらえている人がよくいますが、それは誤解です）。

⑹ 結論［伝えたい考え］は冒頭の段落中に書いてなければなりません（日本人は滅多にこのように書きませんから、海外の人［とくに英語圏の人］にとって、日本人の作文は形式的に異様です）。そして、最後の段落中に、より詳しく言い換えた結論が書いてなければなりません（日本人には、これを書かずに、結論なしで、大袈裟な意思表明や話をいきなり世界に広げた平

凡な抽象表現［世界平和に言及するようなこと］を書く人がよくいます。これらの余分なものは、削除すべきです）。

「(2) 『伝えたい考え』は１つでなければなりません。」の例

たとえば、「私の趣味」という作文で、「私は折り紙を折るのが好きです。また私は、ラフマニノフ（のピアノ曲）を弾くのが好きです」と書きたいのならそれらを１つにして「私がとりわけ好きなのは、折り紙を折ることと、ラフマニノフを弾くことです。それらをしているときがもっとも心が休まるからです」というように、後ろにその２つに共通している理由を述べればいいですね（ちなみにその後は、２つ目の段落で折り紙（をすることのよさ）について詳しく説明し［つまり、論じ］、３つ目の段落でラフマニノフを弾くこと（のよさ）についての詳しい説明をする［つまり、論ずる］、というように続けていくのです）。

多くの日本人は作文で、「感じたこと」をいろいろ書き連ねます。コア（伝えたい１つの考え）がなくて、「書き手の感情」の羅列だけ（つまり、独り言）なので、それではその文章を読む価値はありません。

あと、これは論理とは関係ありませんが、記述での注意点も述べておきます。

記述での注意点 2 つ

　発言も記述も、論理の面からは、注意すべき点はだいたい同じです。論理以外で異なる点は若干あります。そのうち以下の2つは日本人がよくわかっていないことなので、注意しましょう。

（1）文章の場合、話すように書いてはいけない

　話す場合は冗漫なくらいが聞き手にとってわかりやすくていいのですが、書く場合、とくになにかを論ずる場合、文章は冗漫であってはダメです。読み手への問いかけも余分です。

　たとえば、「女の子ははたしてまじめであるべきなのだろうか。まじめであるべきだ、と私は考える」――これでは冗漫です。問いかけを消して単に「女の子はまじめであるべきである」とするべきです。

《日本人には、論証中に読み手への問いかけを書くのが好きな人は多く、学術論文中でも読み手への問いかけを見かけます。冗漫に書くのは文章の基本からの逸脱なので、要注意。》

（2）1つの段落には1つのことしか書いてはならない

　その段落で述べたい内容を書いた文をトピック・センテンスといいます。これは必ず1つのセンテンスで書かねばなりませ

ん。その段落のそれ以外の部分は、トピック・センテンスを説明するものでなければなりません。それ以外のことをその段落中に書いてはいけません。

Q2

　日本人は些細なことでは不満を言わない傾向があるようだ。たとえば、待ち行列が長いときでも黙っている。しかし最近では不満をすぐに口に出す人が増えてきているようだ。たとえば、学校の授業で先生が「いまから抜き打ちテストをする」と言うと、ほぼ全員がブーイングをする。

　この文章は理屈が変ですが、いまは、それは無視することにしましょう。
　さて、この文章の形式の欠陥は？

　欠陥は、トピック・センテンスが1つのセンテンスで書かれていない点です。

「日本人は些細なことでは不満を言わない傾向があるようだ」と「しかし最近では不満をすぐに口に出す人が増えてきているようだ」のように2つのセンテンスにしてはダメです。このようにすると、「結局のところ、どちらを言いたいんだ？」と読み手は考えることになり、その答えが示されていないことにイライラさせられます。

「日本人は些細なことでは不満を言わない傾向があるが、最近では不満をすぐに口に出す人が増えてきているようだ」などのように1つのセンテンスにしなければなりません（そして、後半部分がメインポイントであるなら、後半部分について詳しく説明を続けるのです。前半部分についての説明はナシでもかまいません）。

　ちなみに、「最近では不満をすぐに口に出す人が増えてきているようだ」という傾向について述べるのはなんのためか、「要するになにを述べるためにその傾向の話をしているのか」が出題の文章中にはありませんが、それについては、出題の文章よりも前の部分に書いてなければなりません。それを隠したまま、先に傾向の話をするのはダメです。「要点が先、それについての説明は後」が文章の世界標準の書き方の基本です。

ポイント！

★文章を、話すように書いてはいけない。

★1つの段落中には、トピック・センテンスは1つしか書いてはいけない。

（ちなみに、上記のようなポイントの列挙は、1つの段落中にその段落のトピック・センテンスを書いているわけではないので、1つのセンテンスで書く必要はありません。）

Section 10

論証の説明は、
可能なかぎり詳しく

説明は可能なかぎり詳しく

106ページにあった「私は地方出身なので、ひとり暮らしをしています」は、説明不足ゆえに理屈がわけのわからないものになっている典型的な例ですね。

説明は、省略を可能なかぎり避けて、詳しく述べなければなりません。とくに、論理構造にかかわる部分（87ページ参照）は、省略せずに明言するべきです（このうちの前提と結論をつなぐ部分に関してがSection 6 です）。

もちろん、理由説明も可能なかぎり詳しく、です。これに関しては、以下、例題を見ておきましょう。

例題

「これはすばらしい絵だな。斬新だ」
　この発言の欠陥は？

欠陥は、斬新といえることについての説明が欠けている点です。

ごくわずかでもいいので、なぜ斬新なのかの説明を加えなければいけません。たとえば、「これはすばらしい絵だな。斬新だ。小鳥が人よりも大きいよ」などのように。

また、斬新であるとなぜすばらしいのか、の説明も欠けてい

ます。それがないと、ほとんど同義反復のような発言です。

例題

「これはすばらしい絵だな。筆の軽いひとタッチで水滴を表現しているよ」

　この発言は、なぜすばらしいのかについて理由を述べているので、その点はOKですね。さて、この発言の欠陥はなんでしょう？

　欠陥は、その表現の価値についての説明がない点です。「そのタイプの表現は多くの人が簡単にできることだけれども、それでもすばらしい」と言っているのでしょうか？　違いますね。どう違うのかは、発言者の説明を聞かなければ、その人がどう考えているのかはわかりません。

――というわけで、理由も可能なかぎり詳しく述べましょう。

ポイント！

★省略をできるだけ避けて、詳しく説明しよう。

議論で目指すべき点

　万人が「すばらしい」と感じる絵は、たぶん存在しないでしょう。だから、すばらしいと感じる人が、なぜすばらしいと感じるかの理由を「すばらしいと感じない人」に頭で理解できるように伝えることができれば十分です。

「すばらしい」と感じない人を「すばらしい」という意見に変えるように働きかける必要はありません。議論においては「相手に勝つ」ことではなく、相互の理解が大切なのです。これは、議論を述べ合う際に重要な点（議論の基本精神）です。

――そういうわけで、意見が異なる人が理解できるように、理由は克明に述べる必要があるのです。議論を述べ合う際には、互いに、理由を詳しく述べ合わねばなりません。そして、相手の理屈説明にわからない点があったら（当然互いにあるでしょうが）、互いに詳しく質問し合うのです。相手にあまり発言させずに自説を述べるだけ、というのは論外です。

ポイント！

★議論での理由は、意見が異なる人が理解できるよう克明に述べよう。

さて、問題です（これは若干、難問です）。

Q1

　ある部署で、雑用係としてアルバイトを1人雇うことになりました。数人に面接をしたあと、部長が次長にこう言いました。

「最初の子が、真面目そうな顔で、もっともよかったね」

　この発言は、論理構造をすべて明言してはいません。非常に日本的で、省略が多すぎます。すべてを述べるとどのようになりますか？

A1

　論理構造は4分割して、以下のようになります。

①最初の子が、真面目そうな顔だった（言外に、「他の子は真面目そうな顔ではなかった」の意あり）。

②真面目そうな顔の子は、真面目だろう。

③真面目であることが、雑用係にはもっとも大切である。

④それゆえ、最初の子が雑用係に最適任だろう。

　（もっと細分化することは可能ですが、これで十分でしょう。）

　以上を踏まえて発言し直すと、たとえば以下のようになります。

「最初の子がもっともよかったね。真面目そうな顔だったから、実際、真面目だろう。それが雑用係にはもっとも大切だから、

あの子が適任だろうね」

　論理構造にかかわる部分（87ページ参照）は極力明言する
——これは、論理性の高い発言の基本です。省略を避けてなる
べく緻密に表現しましょう。

Q2

　コウモリは哺乳類である。しかし、翼がある。したがって、
動物園にはコウモリがいる。

　この論証は「なんだ、これ？？」の内容ですね。説明不足
なのです。説明を少し補ってみましょう。

A2

　たとえば、次のように補えば少しは改善になりますね。

　コウモリは哺乳類である。しかし、翼がある。したがって、
動物園にはコウモリがいる。珍しい動物の展示、という点で価
値があるからである。

　これで、理屈に少しまともな感じが出ましたね。でも、まだ
説明が足りません。書くべきことを省略してしまっています。
それをさらに補ってみましょう。

　コウモリは哺乳類である。しかし、翼がある。翼がある哺乳

類は珍しい。したがって、動物園にはコウモリがいる。珍しい動物の展示、という点で価値があるからである。

　可能な限りたくさん省略する、という日本語の表現習慣から見ると、この答えの例は「説明がくどい」です、じつに。でも、論理性を示す、という点からは、これくらいのことは省略せずに述べるべきなのです。

Q3

次の論証の欠陥は？

　私は羽根ペンを持っているが、インクを持っていない。だから、鉛筆で日記を書いている。

A3

　欠陥は、なぜ「鉛筆」なのか（なぜボールペンやＰＣなどで
はないのか）についての説明がない点です。

　この説明がないので「だから」の語の使用に変な感じがあり
ます。

ポイント！

★日本語感覚で「くどい」と思えるほどの説明が必要。

Section 11

論証では逆接を使わない

論証で余分なものの筆頭が「逆接」

　論証には、「結論」が必要です。そして、その結論を支える「理由」が必要です。必要なのはそれだけで、それ以外のものは不要で、余分です。

　余分なものの筆頭は「逆接」です。

「しかし、けれども、が」のような逆接は、論理上の意味は「かつ」（and）です。つまり、「Aである。しかしBである」のように2つの前提を逆接で並べていても、論理は「Aである。かつBである」と同じです。

　論証中に逆説があると、論理が破綻しやすいので、逆接の使用には注意が必要です（というよりも、論証中では逆接を使うべきではありません。このことは、数学の論証中に逆説が使われないことから、容易に想像できますね）。

　この破綻云々のことを、例で示します。

例：「来週の遠足では、植物園に行くほうがいいでしょう。しかし、水族館に行くほうがいいという意見もあります。したがって、（　　　）」

　このカッコの中に置ける「もっともな」結論はなんでしょ

う？　たとえば、次のようになりますね。
「いまのところ、『植物園に行くほうがいい』とは結論できません」

　これをもとの部分とまとめると、
「来週の遠足では、植物園に行くほうがいいでしょう。しかし、水族館に行くほうがいいという意見もあります。したがって、いまのところ、『植物園に行くほうがいい』とは結論できません」

　これではムチャクチャ、というよりも、述べる価値のない論証になります。仮に「来週の遠足では、植物園に行くほうがいいでしょう」と主張したいのなら、なぜそのほうがいいのかの理由を詳しく述べるべきです。水族館に行くほうがいいという意見があるか否かは、その論証とは関係のないことなので、述べるのは正しくないのです（それを述べるのは「水族館に行くほうがいいという意見の人」に任せるべきことなのです［そしてその人の意見に耳を傾けるべきなのです］）。

　もう1つ例を挙げます。

例：「戯曲『愛と偶然の戯れ』は面白い。しかし、戯曲嫌いの人には受けないかもしれない。したがって、（　　　）」

　このカッコの中に置ける「もっともな」結論はなんでしょう？　難しい問題ですね。論証中に逆説があると、論理が変に

なりやすいことは、以上の2例だけで想像がつくでしょう？まあ、それはともかくとして、これを問題として、真剣に考えてみましょう。カッコの中に入れてもっともなものは、

「『愛と偶然の戯れ』を読んで楽しむためには、まず戯曲好きになったほうがいいだろう」

くらいでしょうか。あるいは、

「戯曲嫌いであることで、大きな損をする可能性はある」

といったところでしょうか。上記の例は2つとも変な論証になっていますね。「しかし」などの逆接を使うと、もっともな結論は導きにくいので、そうなってしまうのです。逆接は、使わないほうがいい——というよりも、使うべきではないのです。

　日本人の論証では「〜である。しかし〜である。しかし〜である」のような書き方がよく見かけられます。これでは余分なこと（主張でもなく、主張を支えるものでもないこと）を書きまくっている文章で、世界的な感覚から見るとこれは奇怪で異様です。そのような書き方をしないようにしましょう。

ポイント！

★論証の中で「逆説」を使わないように。

Section 12

字面の意味だけで表現しよう

文字が持つ意味だけで 表現しよう

　述べたいことは、加工せずに、そのままの形で述べなければなりません。

　日本人は婉曲的な表現が好きなので（好きな人が多いので）、回りくどい表現を選びがちです。が、**加工した表現や回りくどい表現は、海外の人にはまず、意味が伝わりませんし、誤解を与えることもあるので、わざと回りくどい表現を選ぶのはやめましょう。**

《ちなみに、英語でももちろん婉曲的な表現はあり、それを使うのが望ましいことはよくあります（とくに、日常的なカジュアルな議論ではそうです）。が、英語での婉曲表現は、回りくどい表現ではありません。mightやcouldなどを使う表現です。You should 〜と言わずに、Maybe you should 〜と言うのもそうですね。英語で回りくどい表現を使うのは、皮肉を言うときとか、苦しい言い訳をしどろもどろに言うときくらいでしょうか。》

　述べたいことは、加工せずに、そのままの形で述べなければならない、ということは、日本人にはかなり難しいことかもしれません。なぜなら、日本人は、加工した形での表現に慣れきっているからです。

それを問題と例で示します。次の問題に正解するのは、日本人には至難の業でしょう。

Q1

「明日は遠足で、途中で喉が渇くかもしれない。だから水筒を持っていこう」

この論証の理屈には大きな欠陥があります。それはなに？

いかがでしたか？　難しいでしょう？

大きな欠陥とは、「持っていく必要があるのは水筒ではない」という点です。必要なのは、飲み物です。「だから水筒を持っていこう」の部分は、「だから水を持っていこう」とか「だからなにか飲み物を持っていこう」などでなければなりません。水筒を飲むことはできません（なので、この論証の論理はめちゃくちゃなのです）。

日本人の多くは「だから飲み物を持っていこう」の意で「だから水筒を持っていこう」と言います。飲み物の意のつもりで水筒と言うのです。

述べたいことは、加工せずに、そのままの形で述べなければならない、とはこのような加工をせずに述べよう、ということです。「飲み物」の意なら「飲み物」と述べるべきなのです。

今度は例を挙げます。これは論理とは関係ありませんが、「加

工せずに述べるべき」ということはよくわかる例でしょう。

例：あるとき、日本のチェスプレイアーのA氏が、ドイツの
トーナメントに招待されたときのことです。A氏はその招待
に対する返事として「私は遠くの地からトーナメントの成功
を祈っています」というような文を英語に直訳して送りまし
た。主催者（B氏）はその文の意味がわからず、私に、その
文の意味がわかるかどうかを尋ねてきました。それで私は「A
氏は招待を辞退しているんです」と知らせて、B氏は納得し
ました。

　回りくどい表現を選ぶのはダメで、辞退するなら「辞退」
の語（あるいは同義表現）を使わなければ意味が通じない、
ということです（もちろん、そっけなく断るのではなく、断
る文に続けて、Thank you for the invitation anyway. など
のような謝辞も書くべきですが、それはまた別の話です）。

Q2

　△△の試験に受かるために、私は勉強しています。

　この文の問題点は何？

ほとんどの日本人は、この文には何の疑問も感じないでしょう。「△△の試験のための勉強をしているのは当然」（△△の試験のための勉強ではない内容の勉強をしていたら支離滅裂だから、△△の試験のための勉強ではない内容の勉強ではありえない）と考えるのです。そういうわけで、この文の欠陥は、多くの日本人にはわかりにくいでしょう。

　この文の欠陥は、何の勉強をしているのかが明言されていない点です。それを明言して、している勉強が△△の試験に受かるために適切であることを、読み手（や聞き手）に伝える必要があるのです。

> **ポイント！**
>
> ★加工した表現や回りくどい表現を使わないように。

文学色は不要

• 同じ語を繰り返しても問題ない

　論証で大事なのは、正確さと、論理構造のわかりやすさ（なにが結論で、なにが結論を支えているか、がわかりやすいこと）です。文学色は不要です。

——これに関連して——

• 同じ語の繰り返しに関して

　同じ語を繰り返すと、文学色は損なわれます（文学的価値が損なわれる、というと言い過ぎだけれど、意味はかなり近い）。とくに詩では「繰り返しはダメ」です。

例：私が作りたい人形は、ネコ目の人形

　これが詩ならダサすぎます。「人形」の語の繰り返しがダサいのです。

　ちなみに、それだけでなく、「私が作りたい」の部分が、説明調でダメ。その人形の魅力が重要であって、それと比較すると、私がそれを作りたいと思っているか否かはどうでもいいことです。私が作りたいと思っていることは述べないで済ますほ

うがよいのです。たとえば、以下のように（詩では、意味は、伝わる人にだけ伝わればいいので）。

　　ネコ目の人形
　　黒い毛糸の長い髪
　　白い丸エリの黒いスモックに
　　……そう
　　小さなイチゴが散りばめられて
　　私から
　　視線を横にそらした内気な子

　理屈を述べる文章では、理屈を正確に伝えることだけが重要で、同じ語の繰り返しを気にする必要はありません。たとえば、下のような繰り返しは全然ＯＫです。

例：Aは可能かもしれない。それゆえ、Bは可能かもしれない。

　１つ目の文で「かもしれない」を使うのが適切な内容で、２つ目の文でも同じなら、「かもしれない」を繰り返して使うのが適切です。このように「かもしれない」が２つの文で繰り返しになるのを嫌う日本人はけっこう大勢いますが、その感性は文学的なもので、その感性を論証に持ち込むのは間違いです。

　また、同じ語の繰り返しを避けるために「それ」やitを使うことは、問題ないのですが、それらのような代名詞を使うこと

で文意が取りづらくなる場合は、代名詞を使わず、同じ語を繰り返し使うほうがよい。これは英語の論証の基本です。

★言うまでもないでしょうが、繰り返す必要のない語すら繰り返そう、と言っているのではありません。英語下手な日本人には、英語を書く際に、itを使うべきところで、itを使わずにもとの語を繰り返す強い傾向があるので、その点には注意しましょう。

　同じ語を繰り返すのを避けるために、繰り返さずに類義語に置き換えるのはダメです。これをすると、前の語とあとの類義語の使い分けの理由や、微妙な意味の違いを理解するために、読み手がムダな労力を払ったり悩んだりすることになってしまいますので。

　つまり、文章のどの場所でも、伝えたい意味をもっとも正確に伝える語を使うこと。繰り返しを避けるためだけの目的で繰り返しを避けるのはナンセンス。理屈を語る人のするべきことではありません。

ポイント！

★伝えたい意味をもっとも正確に伝える語を使おう。

Section **13**

問題練習

　基本事項はだいたい説明が終わりました。以下、
復習的に問題練習をしましょう（Section1の内
容から順に、ではなく、読者にとって役立ちそう
な内容の問題で、です）。

X「女の子はガサツであってはならない」

Y「なぜなんですか？」

X「あなたはそのようには考えないんですか？　ガサツでも良い、と思っているんですね。なぜガサツでも良いのですか？」

　Xが理由を述べていないので、Yの質問は適切です。それに対するXの発言は、論理性の点で適切ではありません。Xはどう答えるべきでしょう？

「わが社は▽▽するべきです。いままでしないでいたのは▲▲部の怠慢ゆえです」

　この発言には、▽▽するべき理由が述べられていない点以外に、よくない点があります。それはなんでしょう？

A1 「女の子がガサツであってはならない理由」を答えるべきです。

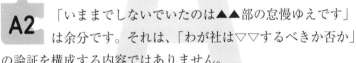

A2 「いままでしないでいたのは▲▲部の怠慢ゆえです」は余分です。それは、「わが社は▽▽するべきか否か」の論証を構成する内容ではありません。

　★論証では、論証以外のことを述べてはいけません。

Q3 昆布茶を飲んだら気持ちが明るく（元気に）なった。

　これに続ける文を、以下の 4 つのうちから選ぶなら、どれがもっとも適切？

(1) 暖かい飲み物に、その効果があるのだろう。

(2) 塩に、その効果があるのだろう。

(3) 昆布に含まれるヨウ素に、その効果があるのだろう。

(4) その効果があったのは、暖かかったからなのか、塩が入っていたからなのか、昆布に含まれるヨウ素ゆえなのかもしれない。

Q4 　現状は＊＊で、嘆かわしいかぎりである。この現状をなんとかしたいものである。

　この文章の問題点は何？

A3 効果の原因（の候補）はいろいろ憶測できますが、(1)から(3)は、原因を1つに限定できる根拠を述べずに限定しているので、もっともな感じはあまりありませんね（この場合は、文末を「かもしれない」にするべきです。そうすればもっともらしさは少しは増します）。その意味で、1つに限定していない(4)が、この中では一番もっともらしいです。

A4 結論を「なんとかしたい」と願望を述べる形にしているのはダメで、現状をどう変えるべきかを具体的に述べるべきです（「～してほしい」や「～してもらいたい」など、願望を述べる形はダメ。一般論に「私」が入っているのは論証として不適切）。

結論を支えなければならない部分で「嘆かわしい」と自身の感情を述べているのもダメです。自身の感情で支えようとしてはなりません。嘆かわしいから変えるべき、では論証の理屈として成り立ちません。

「現状をどう変えるべきか」を先に述べ、その理由を詳しく説明するべきです（「私」抜きで）。

ちなみに、小論文では、意欲などを述べるのが主目的であるタイプのものもあります。その場合は、自身の願望を述べるのが「結論」になるので、その場合は願望を述べてOK（当然ながら）。

そういったタイプのもの以外では、自身の願望を述べてはダメです。「私」抜きで述べましょう。

Q5 　私はやせたい。だから毎日、カキノタネ（菓子名）を食べています。

　この論証の問題点は？

 Q6 　次の2つのうち、どちらが論証として（内容が、ではなく、形式が）適切でしょう？
　（答えは自明すぎでしょうが、復習としての問題です）

(A)　言霊（ことだま）は存在する。私には経験的にそれがわかっている。

(B)　言霊は存在する。「どんなにがんばっても、この曲を弾けるようにはならないだろう」と発言すると、弾けるようになる可能性はとても低くなる。発言することによる自己暗示効果を言霊というのである。

A5　「なるほど、カキノタネにはやせる効果があるのか」と、無批判に鵜呑みにする人は、これで納得してしまうでしょう（し、この文の論理性に疑問を感じないでしょう）ね。

　問題点は、カキノタネにやせる効果があることが明言されていない点です。

　仮にカキノタネにやせる効果があったとしても（実際のところ、唐辛子にはその効果がありますが）、その効果があることの明言は必要です。それがないと、この文章の論理性は損なわれます。

A6　(B)が正解なことは自明でしょうね（ただ、この内容に賛成する人がどれほどいるかは、また別の問題ですが）。

　(A)は「私にはわかっているから、私の言うことは正しい。だから、あなたはそれを受け入れよ」と言っている文章です。これは論証の正しい書き方ではありません。

　「『私が述べていることは正しい』ということは、わかる人にはわかる。だから、それでいい」という姿勢ではダメで、可能なかぎり多くの人が（その理屈の正しさが）わかるように述べましょう。

私は明るい色が好きです。でも、着る服は黒が多いです。

これに続ける文を、次の3つから選ぶなら、どれがもっともよいでしょう?

(a) 私には明るい色の服が似合わないからです。

(b) 私はゴスロリの服が好きなのです。

(c) 「見たい色」の好みと、「着たい服の色」の好みは、別ものなのです。

142

私は明るい色が好きです。でも、着る服は黒が多い
です。私には明るい色の服が似合わないからです。

　この述べ方では、「明るい色の服が似合わないなら、着る服
はほぼ黒しかない」と言っているようなことになるのでダメで
すね。

　私は明るい色が好きです。でも、着る服は黒が多いです。私
はゴスロリの服が好きなのです。

　これでは、好きな色が何であるか、との関連が述べられてい
ないので、「要するに何を述べたいのか」がわからない文章に
なっています。

　私は明るい色が好きです。でも、着る服は黒が多いです。「見
たい色」の好みと、「着たい服の色」の好みは、別ものなのです。

　これなら一応、理屈がわかる文章になっています（が、要す
るに何をいいたいのかが、述べられているようにも見え、述べ
られていないようにも見えます）。仮に「単に『色の好み』と
いっても、それは一言で済むような単純なものではありません」
がトピック・センテンスとして冒頭にあれば、少しはまともに
見えますね。

うちの夕食でドリアを食べたことがない。だから、
明日の夕食でもドリアを食べることはないだろう。

これに反論してみましょう。

 この魚には肺があるから肺魚だろう。

これに反論してみましょう。

A8　　　この論証には「これまでになかったことは、明日も
ないだろう」というアサンプションがあって、これに
は同意してしまう人も多少はいるかもしれませんが、厳密には
怪しい内容です。なので、その点をアタックすればいいのです。
たとえば、

「さあ、どうかな。これまでになかったとしても、明日もそう
だとはかぎらないよ」

という具合に。あるいは、もっと軽く、

「きみが作ったら、食べるんじゃないか？」

と言ってもいいですね。

A9　　　この発言には隠れた前提「肺がある魚は肺魚のみで
ある」があります。それは間違いなので、その点を述
べればいいのです。たとえば、

「そうとはかぎらないよ。肺がある魚は肺魚だけじゃないから
ね。ピラルクー（Pirarucu）には原始的な肺があって空気呼吸
もするし、シーラカンスには退化した肺があるよ。

Q10 「私は抜き打ちテストが嫌いだな。抜き打ちテスト
を行なうべきではないよ」

　これに反論してみましょう（これは日常的な他愛ない発言
なので、似たトーンの発言に）。

 Q11 121は素数なんだよ。テレビでそう言ってたよ。

　これに反論してみましょう（もちろん「121は素数じゃないよ。
11×11だから」と言うことはできますが、その点に気づかな
かったとして）。

A10 　この議論の中の隠れた前提（Section 7 参照）は「私が嫌いなものは、行なうべきではない」です。それを補えば、前提 2 つから、左記の結論を導くことができますから。

　反論はその点から述べればいいのです。たとえば、

「そうかあ？　好き嫌いで決める（べき）ことじゃないよ」

A11 　「テレビでそう言ってたよ」は、「テレビでそう言っていたから『121 は素数である』は正しい」を暗に意味していて、これには「テレビで言われたことはすべて正しい」のアサンプションがあります。これは正しくありません。

　したがって、反論は、たとえば、

「そうとはかぎらないよ。テレビで言ってたことが正しいとはかぎらないよ」

と言えばいいですね。

Q12
A「カモノハシは、クチバシがあるから、もともと
　は鳥だったのだろう」
B「そんなバカな意見は聞いたことがない」

　Bの発言がAに対する反論になっていない、ということは、本書の読者にはもちろんわかりますね。読者は実生活で、Bのような発言は決してしないでしょう。

　ところで、「そんなバカな意見は（私は）聞いたことがない」には、言外に「ゆえに、その意見は正しくない」の意があります。また、述べられていない前提もあります。

　その前提を補って、発言の完全版を作ってみましょう。

　（「そんなバカな」と言える理由は述べられていませんが、今回は、その部分は無視してそのままとしておきましょう。）

Q13
　　A氏の発言に対し、B氏が反論のつもりで以下のように述べました。
「それは詭弁だ」

　さて、この発言に関して、次のうちから1つ選ぶなら、正しいのはどれ？
⑴　A氏の発言が詭弁なら、適切な反論
⑵　A氏の発言が詭弁であろうとなかろうと、効果的な意見
⑶　B氏の発言は論理性に問題がある

A12　　完全版はこのようになります。
「そんなバカな意見は（私は）聞いたことがない。私が聞いたことがない意見は正しくない。ゆえに、その意見は正しくない」

　これで論理的には（論理の点では）正しくなっていますが、その内容は、見てのとおり、ムチャクチャです。
　反論のつもりで反論ではないことを述べる人の発言は、だいたいは相手に不快感を与えますが、発言の完全版を作ってみれば、その内容がムチャクチャであることがわかります。不快感は、そのムチャクチャさから来ているのです。

A13　　答えは、(3)B氏の発言は論理性に問題がある、です。
　　B氏の発言のメインポイントは暗示の部分で、「それは正しくない」です。
　それを加えて、B氏の発言を書き換えると、
「それは詭弁だ。ゆえに正しくない」
となります。
　詭弁とはなんの意であるかを述べる形に書き換えると、
「それは正しくない論証だ。ゆえに正しくない」
となります。つまりB氏は、正しくない理由を述べずに、正しくないと（暗示で）主張しているのです。これは循環論法（circular reasoning）で、なんの証明にもなっていません。
　ゆえに、「(3)B氏の発言は論理性に問題がある」が答えです。
　なお、B氏は正しくない理由を述べていないので、B氏の発言は反論でも意見でもありません。単なるコメントです。

Q14 　高校１年生と２年生の各30人に聞いたところ、『雪国』を読んだことがあるのは、１年では２人、２年では25人でした。『雪国』は高校１年から２年にかけての時期に読まれる傾向があると結論できるでしょう。

　　この論証の問題点は？

Q15 　Ｐ「はじいて高い音が出るガラスは割れやすいんだよ。誰もがそう言っているよ」

　論証Ｐの欠陥はなに？

A14 　問題点は、各30人がどんな子たちかが不明である点です。

ここでの「読まれる傾向」とは、「自発的に読まれる傾向」のことなので、自発的か否かを判定するために、かなり詳しいチェックが必要です。

その各30人が、ある県でランダムに選ばれた子たちなら、その県では云々、と結論できる可能性はあります（ほかにも、「高校2年の教科書で『雪国』が取り上げられていない」などのチェックすべき点はいろいろあります）が、本件ではそうではなく、不明です。各30人が、仮にある特定の高校に通う子たちで、2年では『雪国』を読むようにと宿題が出ていたなら、上記の結論を導くのは正しくありません。そのような可能性が残ったままなので、上記の論証は、論外といえるレベルのものです。

A15 　欠陥は、「誰もがそう言っているよ」の部分が主張を支えるものとして正しくない点です。

　この問題は、人によっては難しいかもしれません。この論証の欠陥は、主張を次のように置き換えるとわかりやすいでしょう。

「シーラカンスは絶滅したんだよ。誰もがそう言っているよ」

　この問題でPの欠陥がわからなかった人は、Pの主張に賛成していて、支える部分がなんであるかには関心を払わなかったのでしょう。

　真実は、誰もそう言っていなくても真実なのです。また、真実でないものは、誰がそう言っていても真実ではないのです。

Q16 今日行った博物館では館内での喫煙が禁止されていなかった。横に喫煙者がいるのは不快だし、展示物にヤニの害が及ぶ。館内では禁煙にするべきである。

この論証の問題点はなに？（周囲の人の健康への害に触れてない点は別として）

Q17 先日に行った神社で、境内を見回したら、着物を着ている人が△△だった。もっと日本文化を大切にしたいものである。

この文章は、論証としては問題点がいろいろあります。それらをいくつか挙げてみましょう。

A16　問題点は、主張を支えるものの1つとして自己の感情を持ち出している点です。支えるものの中に「私」を入れるのは不適切で、それゆえ余分です。

　余分なものを述べてはいけません。この「余分なもの」とは、「読み手や聞き手が、理屈を理解するうえで余分なもの」のことです。一般論を論ずる際は、書き手（や話し手）の感情を理解させようとして書く部分は、すべて余分なものです。

　日本人は「感情を述べることで支えようとする」ことが多いので、それをしないように注意しましょう（自身は「そのように述べることで支えようとしている」という意識はたぶんなくて、多くの人がそのような述べ方をしているから、同じようにしているだけなのでしょうが）。

A17　(1)着物を着ることと日本文化を大切にすることの関連が不明です。それに関する説明が必要です。「この関連は、わかる人にはわかるから、説明不要」という姿勢ではダメです。

(2)〜したい、には「私」が入っているからダメです（一般論を論じる際に、「私」を入れてはダメ）。〜すべき、とか、〜したほうがいい、にするべきです。

(3)さらに、なぜ〜するべきか、なぜ〜したほうがよいか、の理由を述べる必要があります。

(4)△△だったから、日本文化が十分に大切にされていない、という推論は乱暴すぎます。1例だけからの推論で、かつ、推論の理屈が不明です。状況等の提示からいきなり結論にジャンプしてはいけません。

△△は最高である。また、▽▽も最高である。

　この文章が書いてある段落では、以下、それらがなぜ最高
なのかの説明が続くとして、この書き方の問題点は何でしょう？

 　次の対話には、論理性やほかの点で、欠陥があり
ます。どんな欠陥でしょう？

A 「私たちはXするべきです」
B 「そりゃ無理だ。お金がかかりすぎるよ」
A 「お金がかかりすぎるとなぜダメなのですか？」

A18　　この書き方ではトピック・センテンスが2つに分かれていることになります。トピック・センテンスは1つに。たとえば、以下のように。

　　△△は最高であり、また、▽▽も最高である。

A19　　欠陥は、以下のとおりです。
　　◎まず、Aの「私たちはXするべきです」には「Xするべき理由」が添えられていません。理由を述べるべきです。

◎また、Bは、Aに「Xするべき理由」を尋ねず、また、Xするべきか否かについても述べず、別の話「無理か否かについての話」をしています。Bは、Aに「Xするべき理由」を尋ねるべきです。

◎さらに、Aの「お金がかかりすぎるとなぜダメなのですか？」は、依然として「Xするべき理由」を述べず、相手に立証責任を負わせていて、「Xするべきか否か」から離れた話をしています。Bが「Xするべきか否か」について述べていないので、Aは相手に立証責任を負わせるのではなく、「Xするべきか否か」から離れずに質問をすべきです。たとえば、
「それは、『Xするべきだけれど、現実的には実施は無理』という意味ですか？」
という具合です。

Q20　X「〜に該当するものはなにかありますか？」
　　　Y「えーと……AとBは△△だからちょっと違うけれど、Cはそうかもしれなくて、Dはまあそうなんじゃないだろうか」

　Yの発言は、論証になっていないのは別として、要領を得ない変な返事ですね（よく聞くタイプのものですが）。なぜ変なのでしょう？

　それらを改良すると、どうなりますか？

　また、そのあと、さらに続けて、論理性を加えるために、論証の形に改良してみましょう。

Q21　私たちはおいしいものが好きです。おいしいものはきっとからだにいいからなのでしょう。

　この発言は、一応、論証になっています（主張があって、その理由が述べられていますから）。ただ、主張と理由の間のギャップが大きすぎるので、もう少し詳しく説明する必要があります。たとえば、どのように補いますか？

　また、上記のギャップとは別に、もう1つ大きな欠陥があります。それはなんでしょう？

A20 　変な理由は、該当しないものがなにかを訊かれているのではないのに、該当しないものを答えているからです。また、Dに関する部分が疑問形になっていて、返事ではなく問いかけになっているからです。

　それらの点を改良すると、たとえば、以下のようになります。
「はい。Dはまあ該当するでしょう。それからCも該当するかもしれません」

　さらに、論理性を加えるために、論証の形に改良すると、たとえば、以下のようになります。
「はい。Dはまあ該当するでしょう、▼▼ですから。それからCも該当するかもしれません、▽▽ですから」

★このような発言が瞬時に言えるようになりましょう。少なくとも、英語で対話しているときには、他愛ない話をしているときですら、このような論証形式で発言するようにしましょう（それが英語圏の習慣です）。

A21 　補うと、たとえば、こうです。
　たぶん、脳はからだにいいものを好ましく感じるようにできているのでしょう。

　もう１つの大きな欠陥は、「私たち」を使っている点です。特定な「私たち」を示すなら「私たち」でもいいのですが、一般論を述べているときに「私たち」を使うのは不適切です。これをすると、「ここで使われている『私たち』は具体的にどの人たちを意味するのだろう？」という疑問を聞き手や読み手に与えてしまいます。日本人は一般論を述べる際に（とくに英文で）「私たち」（we）を使う人が多いので、日本語感覚でweを使わないように注意しましょう。

（なお、英語で「人」を意味する語を使う場合は、oneやyouやpeopleなどを使いましょう。weを使うのは不適切です。）

Q22 次の文章は書き方の様式の点で問題があります。どんな問題でしょう？

　世に広く知られているパラドクスはいろいろある。その中でもつとに有名で、小学生ですら知っているものは、アキレスとカメのパラドクスである。俊足のアキレスがカメを決して追い越せない、というパラドクスである。このパラドクスを考案したのはエレアのゼノンで、紀元前5世紀の人である。ところで、彼がこのパラドクスでいったい何を述べたかったのかは、ほとんど知られていない。多くの人は、変なパラドクスを考案して、へ理屈を楽しんでいたのだろうと考えている。実は、このパラドクスは、△△のためだったのである。

A22 これは（話が少しずつ変わっていく様式で）娯楽読み物の書き方であって、論証の書き方ではありません。論証では結論を述べ、なぜその結論になるのかの理由等の詳しい説明を書く様式でなければなりません。たとえば、以下のように。

　エレアのゼノンの「アキレスとカメ」のパラドクスが何のために作られたのかは、ほとんど知られていない。積分計算のための無限分割という方法は正しくない、とゼノンは考えていて、無限分割をすることがなぜ正しくないかを示すための例として、ゼノンはそのパラドクスを考案したのだった。［以下、これについての詳細説明］

　この形にすれば、論証ですね。

　ちなみに、「論理の流れ」という表現が日本ではありますが、この表現は間違いです。論理は、流れることができるものではありません。
「論理の流れ」という場合、実際は「話題の流れ」を意味しています。が、論証では、話題は流れてはいけません。最初から最後まで一貫して同じでなければなりません。

Q23 （会議終了後。とくに意見もなくその会議ではなにも発言しなかった２人がエレベーターホールで）

社員Ａ 「プランＤはまずいんじゃないかな」

社員Ｂ 「うまくいかなかったら社長がなんとかするだろ？」

　こういった他愛ない日常会話はよくあります。フォーマルな場で理詰めのディスカッションをしているわけではないので、日本では、日常的にはこれで『全然ＯＫ』ですね。

　それとは話は別ですが、この例は、「論理」という点を考えるためにはいい題材なので、これを論理の面から見てみましょう。

　この対話は論理的にはどうでしょう？　──はい、ムチャクチャです。それがわかりますか？

（これは「まえがき」にある問題です。本書をここまで読み進めてきた読者には、もちろんわかるでしょうね。）

A23 ざっと概略を書くと、以下の通りです。

Aは、プランDがまずいと考える理由を述べていません。またBは、Aの質問に答えていません（プランDがまずいか否かに関してなにも述べていません）。答える代わりに予想を述べていますが、そのように予想する理由を述べていません。また、Bの発言には言外に「プランDがまずくても大した問題ではない」がありますが、それは言外にとどまり、明言されていません（Bはそのように考えているので、プランDがまずいか否かに関して述べることを省略してしまっています。『うまくいかなかったら社長がなんとかするだろ？』と述べることで「プランDがまずくても大した問題ではない」の意は伝わるだろう、と思うがゆえの省略です）。

では、論理性の高い人たちなら、この他愛ない対話がどのようになるかを考えてみてください。あなたが思いつく対話例はどのようになりますか？

論理性の高い人たちの場合は、たとえば、以下のとおりです。
社員A「プランDはまずいんじゃないかな、▽▽だから」
社員B「僕はそうは思わないな、▲▲だから。それに、仮にまずくても大した問題じゃないよ。うまくいかなかったら社長がなんとかするだろうさ。いつも社長はそうしてるからね」

これで最高に論理的、といえるほどのものではありませんが、論理面では、前述の欠陥はなくなり、まあまあの及第点、といったところでしょう（フォーマルな場でのディスカッションではありませんから、これで十分でしょう）。

もっとも、最高に論理的といえるレベルではないとはいえ、日本語の「表現を徹底的に省略」の習慣に深くなじんでいる人には、これでは「くどい」とか「説明的すぎる」という風にしか感じられなくて、このような対話をしたくないと思う人は多いかもしれませんね。でも、これが論理的な（論理性の高い）対話なのです。——つまり、「くどい」とか「説明的すぎる」と思う人たちは、その思いを克服し、くどく、説明的すぎるほどでありましょう、ということです。

Q24 人は△△するべきである、と主張し、その理由を詳しく書いた作文の最後に、まとめというかシメのつもりで「私は△△ができる大人になりたい」のようなことを書く人は多いですね。とくに、読書感想文によくあるパターンの書き方です。

この書き方の是非は？

Q25 次の文章は、小論文の短縮版です。こんな感じの論じ方のものはよくありますね。

これにはいろいろな欠陥があります。主なものを挙げてみましょう。

（「扱っている内容［の是非など］について考えよう」という問題ではありません。「述べ方」だけに注意を向けてください。）

世界の人口増加が進んでいるので、食糧不足を補うための具体的な方法を見つけ出す必要がある。そのためにも農産物の工場生産技術を発展させる必要がある。

これからも次々と新しい技術が開発されるだろうが、その中には人類に危険をもたらすものがあるかもしれない。しかし農産物の工場生産技術の発展を重視すべきだと私は考える。

A24　「私は△△ができる大人になりたい」という最後の文は、主張（「人は△△するべきである」）でもないし、それを支える理由でもありません。論理の点からはまったく関係のない余分なものです。そのような支離滅裂な書き方をしてはダメです。

　このような余分なものを加えると、文章の論理性の印象が損なわれます（理屈をしっかりと書くことができない人に見えます）から、このパターンを見慣れている人は、うっかり同じことをしないように注意しましょう。

A25　欠陥の主なものは、以下のとおりです。

(1)最後に「私」を登場させる必要はありません。これについてはすでに書きました。さらに、これでは「他の人がどう考えようと、そんなことは私の知ったことではない。私に干渉するな」のニュアンスすら生まれます。そのニュアンスが生まれる理由は、「私」を使っているからであり、「農産物の工場生産技術の発展を重視すべき理由」が書かれていないからでもあります。

(2)そのちょっと前の部分「▽▽かもしれない。しかし～」で▽▽の部分は、結論の「～」の部分を支えるどころか、支えることとはまったく関係のないことを述べています。これは余分です。このようなことは書かず、なぜ農産物の工場生産技

163

術の発展を重視すべきなのかの理由を詳しく書くべきです。

　もしも「その中には人類に危険をもたらすものがあるかもしれない」を書くのなら、その危険性に関して詳しい説明が必要で、さらに結論は、「農産物の工場生産技術の発展を重視すべきではない」でなければなりません。

《日本人はこの種の「主張を害する内容」をわざわざ書くのが非常に好きなので、要注意。「私は強弁してはいません」（デメリットや反対意見などを無視しているのではないですよ）とアピールしたくてこの種のことを書きますね。強弁していないことは、理由部分を詳しく書けばわかりますから、それだけで十分です。「主張を害する内容」をわざわざ書いてはいけません。なお、主張だけで理由を書かないと、強弁になります。》

⑶冒頭の「見つけ出す」をいきなり使うのは乱暴です。これを使うためには、いままでに見つかっていないことを述べてなければなりません。

⑷「食糧不足」の表現と、その前の部分に大きなギャップがあります。それを埋めるために、「食糧不足」の前には表現を加えて「それによって起こりうる食糧不足」くらいにはすべきです。

⑸「そのためにも農産物の〜」とその前の部分にも大きなギ

ャップがあって、ここの部分は、なぜ「そのために」なのか
がまったくわかりません。「そのためにも」の「も」の理由
も不明です（「そのためにも」がじつは「その方法の1つと
して」と書きたかったのなら、そのままそれを書くべきです）。
そしてここからいきなり最後の「重視すべき」に説明がふっ
とんでいて、「なぜ他の方法ではなくその方法なのか」の説
明がないだけでなく、理由説明の部分がまったくありません
（(2)で指摘した余分なことが書いてあるだけです）。これは致
命的な欠陥です。

なお、ギャップの埋め方がわからない読者はいないでしょうが、
もしもわからないのでしたら、Section 6とSection10をもう一度読
み返してください。

Q26　山の中の生活は不便だ。インターネットが使えない。買い物に行くのが難しい。だが、いい点もある。おいしいものがいっぱいだ。野ウサギやビーバーや鹿やリスがいる。

　この文章にはまだ続きがあるとして、ここまでのところの欠陥は？

Q27　（長い文章の冒頭部分）
　昔の子どもは筆で紙に文字を書いていたが、いまの子どもは画面に指で触れて文字を入力している。そのため、筆で上手に文字を書くことができない。

　これは論理性の点でひどい文章です。この文章の欠陥を挙げてみましょう。

（いまの子どもが筆で上手に文字を書くことができないからどうなのか、が書かれていないので、書き手が結局、なにを主張したいのかが不明ですが、それはこの文章の前にあるものと考えておいて、その点はいまは無視しておきましょう。）

A26 　　　支離滅裂でなにを伝えようとしているのか［要する
になにを述べたいのか］が不明です。

不便なことを伝えたいなら、いい点を列挙するのは余分です。
いい点を述べたいのなら、不便な点を列挙するのは余分です。

☆日本人の書く文章は、このようにあちらこちらに話が変わる
　支離滅裂な感じになりやすいので、注意しましょう。とくに、
　本問の例文を読んで「全然支離滅裂なんかじゃないよ」と思
　う人は、要注意です。

A27 　　　欠陥の主なものは以下のとおりです。

⑴まず、なにを述べているのかがわかりません。「昔の子はみ
　な筆で書く文字が上手で、いまの子はみな下手」と言ってい
　るのでしょうか、あるいは「昔の子はだいたいは筆で書く文
　字が上手で、いまの子はだいたいは下手」と言っているので
　しょうか？　あるいは、「昔の子の数割程度は筆で書く文字
　が上手で、いまの子は九割以上が下手」くらいのことを言っ
　ているのでしょうか？　全然わかりません。まず、昔の子が
　上手だったか否かすら書かれていません。それで、この点だ
　けで、文章の価値はなくなっています。

⑵理屈もわかりません。筆を日頃使っていると、それで書く文
　字は上手になるのでしょうか？　この疑問が生じるのは、日

頃常に鉛筆を使っている子のほとんどが汚い文字のままだからです。「筆にせよ鉛筆にせよ、文字を上手に（美しく）書くためには、そのための練習が必要なのでは？」という疑問に答える部分がないからです。そのために、「日頃筆を使っていれば、それだけで文字を美しく書けるようになるものだ」くらいの説明は書いてなければなりません（それがもしも真実ならば、です）。

(3)それから、「いまの子ども〜」の部分では、いまの子どもが筆を使っていないことが述べられていません（文脈から自明なので省略しているのでしょうが、この部分は論理構造にかかわる部分（87ページ参照）なので省略してはいけません。この省略で文章の論理性はひどく損なわれています）。「いまの子どもは画面に指で触れて文字を入力しているだけで筆をまったく使っていないし、ましてや筆で文字を美しく書くトレーニングはしていない」くらいのことは書かねばなりません。

なお、このひどい文章を書き換えるなら、「いまの子どもは、筆で上手に文字を書くことができない」とまず書いて、それに続けて、上手に文字を書くことができない状況に関する詳しい説明を書けばいいのです。
　昔の子どもについても書きたいのなら、たとえば、「昔の子どもと比べ、いまの子どもは、筆で上手に文字を書くことができない」などとまず書いて、昔の子どもが上手に

文字を書くことができた状況に関して説明したあと、いまの子どもが上手に文字を書くことができない状況に関する詳しい説明を書けばいいのです。

　もっとも、これらをどう書くかは、もとの文章の前にある（と考えておいた）主張がなんであるかと無関係に決定できるものではありませんから、主張がなんであるかで、どう書き換えるかを決めなければなりません。

　ちなみに、言うまでもありませんが、主張がなんであるかは、この文章の前に置いてなければなりません。主張がなんであるかを明かさないまま、このような話を始めるのはダメです。主張が先で、それを支える理由が次で、その理由を支える詳細説明がその次——これが世界標準の論じ方です。

Q28 次の文章は、長い文章の一部分であるとします。
この文章の大きな欠陥は？

　ショパンの使う不協和音は非常に美しい。しかし、昔は（19
世紀前半には）、ショパンの曲を受けつけられず、不協和音の
嵐のように感じた人もいた。しかし、現代の人は不協和音を
聞きなれているので、ショパンの曲に不協和音がつねに使わ
れていることに、ほとんどの人は気づいていない。

A28　欠陥は、「要するになにを言いたいのか」がわからない点です。

「ショパンの使う不協和音は非常に美しい」がそれ（トピック・センテンス）であるなら、そのトピック・センテンスの後ろでは、その美しさについての説明をするべきであって、この段落には、それ以外のことを書いてはいけません。

「この文章は、曲の美しさの感じ方が時代によって変化することを書きたいのかな」とも思えますが、もしもそれが述べたいことであるなら、それは明言しなければなりません。それをトピック・センテンスとし（たとえば、「曲の美しさの感じ方は時代によって変化する」と書き）、続いてそれについて説明していく順にすべきです。

［追記］

（大きな欠陥は、）逆接「しかし」を使っている点、と答えた人は多いかもしれませんね。それでも、正解です。

この文章が「要するになにを言いたいのか」がわからない文章になっている原因は、「しかし」を使っているからです。

●論証でなくてもいいときは、ある

もちろん、「どんな発言や記述も論証形式にするべき」なのではありません。なにも論じていないなら、論証形式にする必要はありません。これはとくに、個人的な事柄を「私」の独り言として書いているときに当てはまります。

最後に３問、これに関して、問題の形で見ておきましょう。

Q29 　私は△△（ＴＶ番組名）が好きです。だから私は
その番組をよく見ます。

この文章は論証の形になっていますね。この発言の問題点は？

Q30 　Ａ「私はひとりっ子です。それで、いつもひとりで
遊んでいます」

この発言は論証形式になっています。この発言の問題点は？

A29　　問題点は、「だから」を使って示すほどの因果関係ではない文章でそれを使っている点です。

　単に「私は△△が好きで、その番組をよく見ます」とするほうがよい。

　これは論理過剰症ともいうべき傾向で、日本人が英文を書くときに、これをしがちです。不自然なので（ちょっとは）注意しましょう。

A30　　論理が変です。ひとりっ子でもいつも友だちと遊んでいる子はいるでしょうから、Aの発言で「それで」が使われているのは不適切。因果関係を示せない事柄で因果関係を示しています。

「私はひとりっ子で、いつもひとりで遊んでいます」とするのが正しい。

私は日本人形が大好きです。それで、私は世界中
の人が日本人形を好きになることを願っています。

この文章は論証形式になっています。この文章の問題点は？

 　問題点は、「それで」の前後の論理の飛躍が大きす
ぎる点です。

　あまりに大きくて意味不明の文章になっています。これでは、
この人が仮に、入浴後に裸で鏡の前に立つのが大好きなら、
同様に、世界中の人が同じことをするのを好きになってほし
いと願うのだろうか、と疑問に思うわけです。

　この論証の論理が飛躍しているのは、「それで」を使ったた
めに「私が大好きなものは、それがなんであれ、世界中の人
が好きになることを願う」というアサンプションがある文章
になってしまっているからです。

小野田博一（おのだ　ひろかず）

東京大学医学部保健学科卒業。同大学院博士課程単位取得。大学院のときに2年間、東京栄養食糧専門学校で講師を務める。日本経済新聞社データバンク局に約6年勤務。ICCF（国際通信チェス連盟）インターナショナル・マスター。著書に『論理思考力を鍛える本』『数学＜超絶＞難問』『数学＜超・超絶＞難問』『古典数学の難問101』『論理的な小論文を書く方法』（以上、日本実業出版社）、『13歳からの論理ノート』『13歳からの勉強ノート』『数学難問BEST100』『13歳からの英語で自分の意見を伝える本』（以上、PHP研究所）、『超絶難問論理パズル』『人工知能はいかにして強くなるのか？』（以上、講談社）などがある。

話す・聞く・考える
「論理力の基本」トレーニングブック

2021年8月1日　初版発行

著　者　小野田博一　©H.Onoda 2021
発行者　杉本淳一

発行所　株式
　　　　会社　日本実業出版社　東京都新宿区市谷本村町3−29 〒162-0845

　　　　編集部　☎03−3268−5651
　　　　営業部　☎03−3268−5161　振　替　00170−1−25349
　　　　　　　　　　　　　　　　　https://www.njg.co.jp/

　　　　　　　　　印刷／厚徳社　　製本／若林製本

ISBN 978-4-534-05864-5　Printed in JAPAN